아! 어머니……

이호영의 글과 그림

이호영 서화집

아! 어머니……

어머니, 영원한 사랑의 노래

초판 인쇄일 2012년 5월 3일
초판 발행일 2012년 5월 8일

저　자_이호영
발행인_이호영
발행처_문화숲속예술샘
서울 종로구 구기동 110-1 요진오피스텔쉐레이 514호
전화 031-306-5706
전송 0505-893-5706
등록번호 제313-2005-00141호(2005. 7. 6.)
ISBN 978-89-956948-8-6(03800)
홈페이지 http://www.mybookart.net

정가 15,000원

아! 어머니……

어머니, 영원한 사랑의 노래

이호영 서화집

| 약속을 지키는 일 |

청개구리의 후회

2002년, 엄마와 영원한 이별을 한 후 머릿속을 떠나지 않던 생각은 "아, 엄마!"였습니다. 인터넷 카페를 뒤져 보았지만 관련된 내용이 없기에 '아, 어머니……'라는 제목의 카페를 개설하고, 엄마를 잃은 많은 사람들과 동병상련의 마음으로 이야기를 나누고 엄마 생각을 글로 올리면서 슬픔을 희석시킬 수 있었습니다.

청개구리처럼 엄마 말에 반대만 한 것은 아니었지만 인터넷 상에서 닉네임을 정할 때 한 치의 망설임도 없이 '청개구리'라고 결정하여 지금까지 사용하고 있습니다.

평소에 효녀도 아니었고 엄마에게 자상한 딸도 아니었지만, 지금까지도 잊을 수 없는 엄마를 떠올리며 엄마가 남긴 글을 책으로 엮어야겠다는 마음을 먹은 지 10년이 다 되어서야 그 약속을 지킬 수 있게 되었습니다. '말로 한 번 내뱉은 것은 꼭 실천해야 한다.'라고 가르쳐주신 부모님의 말씀을 지킨 것 같아 무엇보다 기쁩니다.

그리고, 엄마가 남긴 글들을 보며 얼마나 많은 불효를 저질렀던가를 다시 깨닫게 되었습니다. 조그마한 예술적 재능을 물려주신 부모님께 무한한 감사를 드리며 곁에 계실 때는 왜 잘해드리지 못했을까 한없이 후회가 됩니다.

죽음으로 인한 이별의 아픔을 견뎌내야 하는 것은 산 자의 몫이겠지요. 부모님은 두 분 다 겨울이 시작될 무렵인 늦가을에 떠나셨습니다. 가을과 겨울을 보내고 다시 맞이한 봄이 너무 싫었던 적이 많았습니다.

'세월이 약'이라는 말을 체감하지 못했었는데 10년 정도의 세월이 흐르고 보니 그날 그 마음 같지는 않아서, 살아가면서 아직도 문득문득 떠오르는 어머니와 이제는 서로 다른 세상에 있다는 것을 받아들이게 되었습니다.

위로 누나 하나만을 둔 단출한 집안의 아버지는 자식 욕심이 많으셨습니다. 럭키세븐이라고 7이라는 숫자를 유난히 좋아하셨던 엄마는 슬하에 2남 5녀를 두셨습니다. 부모님 삶의 제1 목표는 '자식 교육'이었고 넉넉하지 않은 공무원 월급으로 7남매 모두 대학 이상의 교육을 받게 해주신 것에 늘 감사한 마음이었습니다. 회사에 다니면서 대학원 공부를 할 때 여러 자식 학비 대느라 고생하셨을 아버지를 잠시 떠올렸던 기억이 납니다.

'효도하려고 하면 부모님은 기다려 주시지 않는다.'는 말이, 부모님 떠나보내고 나니 피부에 와 닿네요. 이 글을 읽으시는 분들은 부모님 계실 때 맘껏 효도하세요. 저처럼 '청개구리' 같은 자식들이 되지 않기를 바랍니다.

어떤 상황에서도 내 편이 되어주고 내가 좋아하는 그림을 그릴 수 있게 인도해준 사랑하는 언니 이혜영님과 졸필을 엮어 책이 되게 꼼꼼히 읽어주시고 조언과 격려해 주신 서한샘 선생님께 감사드립니다. 늦게나마 '효'를 알게 해주신 효세계화운동본부의 김삼열 회장님께도 감사드립니다.

이호영(닉네임 청개구리)

| 차 례 |

마음에 쓰는 편지

엄마의 수첩

소중한 사랑

내 삶의 코드

73×54(cm) watercolor on arches

65.2×45.5(cm) watercolor on arches

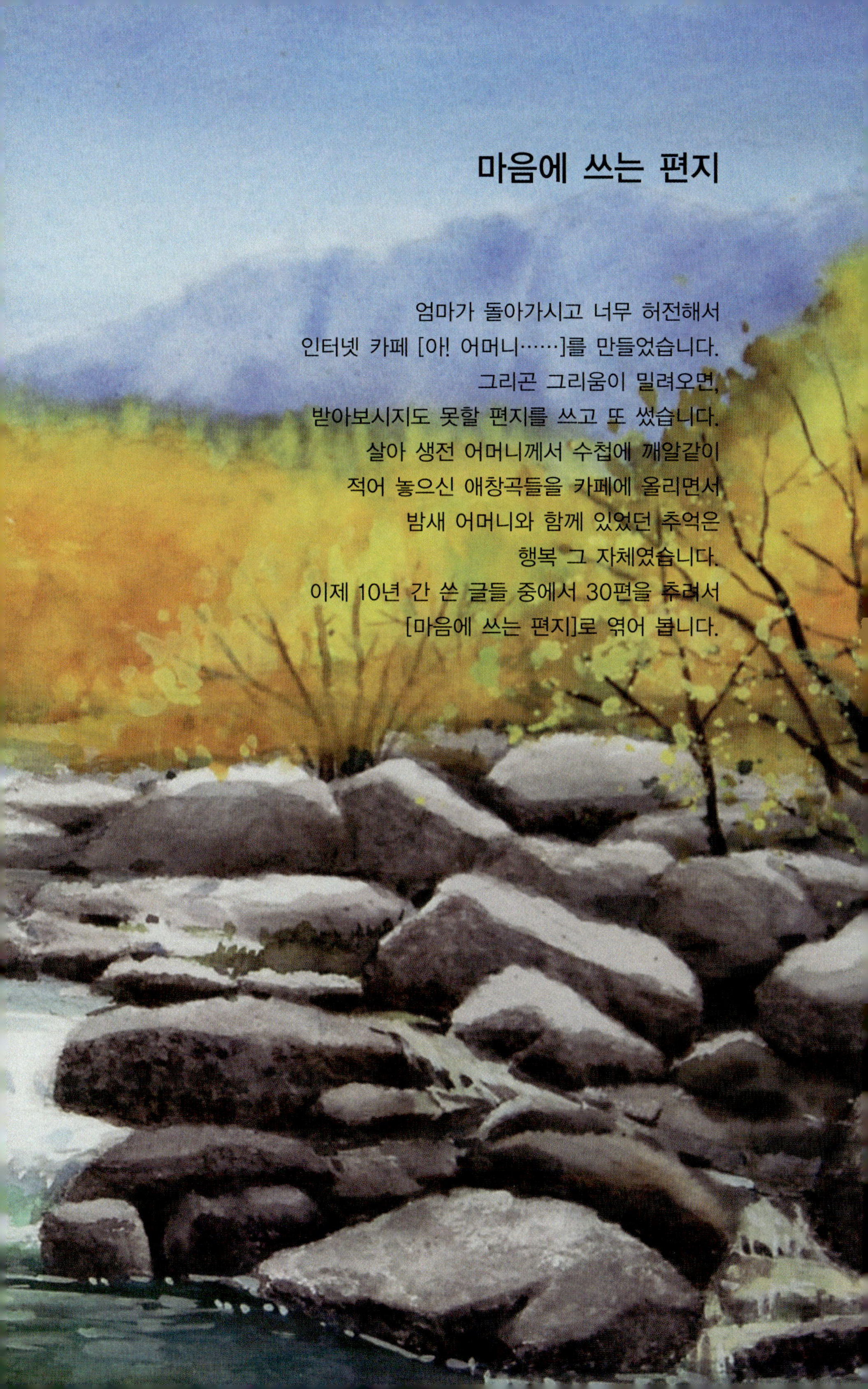

마음에 쓰는 편지

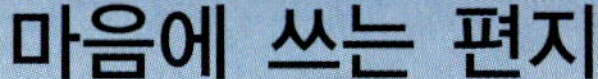

엄마가 돌아가시고 너무 허전해서
인터넷 카페 [아! 어머니……]를 만들었습니다.
그리곤 그리움이 밀려오면,
받아보시지도 못할 편지를 쓰고 또 썼습니다.
살아 생전 어머니께서 수첩에 깨알같이
적어 놓으신 애창곡들을 카페에 올리면서
밤새 어머니와 함께 있었던 추억은
행복 그 자체였습니다.
이제 10년 간 쓴 글들 중에서 30편을 추려서
[마음에 쓰는 편지]로 엮어 봅니다.

엄마의 49잿날 새벽에

오늘은 엄마를 이승에서 저승으로 보내드리는 날입니다.

"엄마아~" "엄마!" "어~ㅁ마" 어떻게 불러도 이젠 대답이 없는 엄마……. 평생을 '절약'과 '사랑' 그리고 '자존심'으로 살다 가신 엄마. 오늘이 가고나면 이제 이승에선 다시 볼 수 없게 됩니다.

어느 늦가을 홀연히 우리 곁을 떠나 버리신 아버님 대신 함께 살면서 나름대로 할 수 있는 모든 것들을 해 드리려고 애썼지만, 아침에 생각했다가도 밖에 나가서는 잊어버리고 못해 드린 일들이 이제 와서는 회한과 아쉬움으로 남습니다.

여러분들! 부모님께 해 드리고 싶은 게 있으면 메모해 두었다가 하나하나 빠짐없이 해 드리세요. 엄마 떠나고 나니 못해 드린 일들만 기억에 남습니다. 그래도 내가 해 드린 것은 위안으로 남구요. 아~ 전쟁기념관과 미사리, 스위스는 결국 못 보내드렸었죠.

여든이 넘은 연세에 미국을 몇 번 다녀오고 호주, 대만, 일본 등을 여행한 것이 쉬운 일은 아니었다고, 자식들 덕에 좋은 구경 많이 했다고 생전에 말씀하셨지만, 못 보내 드린 스위스가 자꾸만 눈에 밟히네요. 전쟁기념관에 갔었는데 그날이 마침 휴관이라 용산 가족공원 벤치에 앉아 있다 왔던 것도 아쉬움으로 기억되네요.

빵집에 들를 때면 늘 찹쌀떡을 샀고 일식집에서는 생선초밥을 샀었죠. 그러나, 그 모든 행위들이 이제 제겐 무의미한 일이 될 것입니다. 한동안은 아니 어쩌면 영원히 찹쌀떡과 생선초밥은 안 먹게 될지도 모르겠습니다. 순두부를 좋아하던 사람이 떠났을 때 한참 동안 순두부를 끊었던 것처럼…….

오늘 오후 2시면 엄마를 이승에서 떠나보내는 49재 의식이 시작

됩니다. 종교가 다른 분들은 이해하지 못하겠지만, 사후 49일간은 가신 분의 *영가가 구천을 떠돌아 너무 슬피 울면 저승으로 못 떠나니 평소처럼 생활하라고 하죠. 그래야 안심하고 떠난다고요. 그렇다고 50일째부터 맘 놓고 울란 얘긴 아니겠지만요.

아버지와 처음 이별할 때는 한참이 지난 후 나와 우리 가족이 아버지 계신 곳으로 갔을 때 아버지가 먼저 자리 잡고 계시다가 우리를 반가이 맞이해 주실 거다, 아버진 우리보다 좀 일찍 오셨으니까 조금 먼저 가신 것이라고 생각했죠. 그러나, 불교의 윤회설대로 어딘가 태어났다면 우린 다신 만날 수 없는 거잖아요? 아프리카 같은 미개한 나라 말고 북한 같은 빨갱이나라 말고 대한민국이나 미국, 일본 같은 나라에 다시 태어나고 싶다고 올 들어 부쩍 말씀하신 건 이렇게 떠나시려고 그런 건가요?

평소 소원하시던 대로 주사 바늘 하나 꽂지 않고 주무시던 대로 가셨기에 참 다행한 일이라고 해야 할까요? 남은 자식들에겐 그게 그렇지만도 않답니다. 이제 얼마 남지 않았다고 준비하라고 알려 주셨어야 하는 거 아닌가요? 늘 마지막이라 생각하며 아침에 어쩌다 내가 먼저 일어나는 날이면 엄마 방문을 열며 '오늘이 아니기를' 얼마나 빌었었는데 그렇게 빨리 마지막 날을 맞이하게 되리라곤 생각하지 못했습니다.

겨울에 행사가 많은 우리 집의 겨울 행사, 엄마 없이 치르며 또 우린 얼마나 많은 슬픔과 만나야 할까요? 주인공 없는 엄마의 2002년 생신, 빨간 카네이션을 꽂을 데 없어 2003년 어머니날(빨갱이 냄새가 난다고 어버이날을 엄만 꼭 어머니날이라고 했었다.)엔 또 얼마나 헤매야 할까요?

어느 해 어머니날 꽃바구니를 선물했을 때 비싼 꽃을 샀다고 나무라시는 엄마에게 그 뒤로는 바구니 대신 가슴에 꽂는 꽃만을 드

---

*영가(靈駕) : 육체 밖에 따로 있다고 생각되는 정신적 실체. 영혼. 〈불교〉

렸었습니다. 꽃이 싫어서가 아니라 시들면 없어져 버릴 것이 아까워서 그랬던 것을 엄마가 안 계시고 나니 깨닫게 된 건 얼마나 어리석은 일인지 모든 것이 안타까움뿐입니다. 하지만, 지금은 아무튼 엄마를 아버지 계신 옆에 모셔다 드리고 왔으니 엄마와 아버지가 만나 생전에 그랬듯이 행복하게 남은 영겁의 세월들을 해로하시리라 믿어 편안한 마음을 가지려고 애쓰고 있습니다. 그저 살아계실 때 못해 드린 못난 마음을 자책할 뿐…….

아버지 가신 후 엄마와는 비디오도 많이 찍어서 엄마의 활동사진은 많은데 아버지 것은 없어서 아버지 목소리만이라도 듣고 싶어했었어요. 그런데 얼마 전 부모님 유품을 정리하다 보니 아버지 현직 계실 때의 육성 테이프를 발견하였답니다. 몇 개가 있었는데 아버지와 엄마의 노래도 있었고요, 평소 살면서 나누던 대화가 마치 살아계신 듯한 목소리로 옆에서 들려왔습니다.

여러분들, 기록하세요. 부모님의 음성, 모습 모두……. 언젠가는 떠나야 할 사람들의 모습과 음성이 기록으로 남아있다는 것은 참 행복한 일입니다. 앞으로 살면서 힘든 일, 슬픈 일이 있을 땐 언제나 그분들의 목소리와 함께 할 것입니다.

요즘 아이들은 "엄마 아빠 사랑해."라는 말 참 잘하죠. 그런데 저는 두 분께 사랑한다는 말, 어버이날 보내는 편지 외에 한 번도 못해 드렸습니다.

엄마는 지금 어디 계실까요? 이 글을 쓰며 울고 있는 내 옆에서 안타까운 시선으로 보고 계실까요?

"엄마! 아버지! 정말정말 사랑합니다."

"저와 만나는 날까지 행복하게 계세요, 그리고 목숨보다 더 아꼈던 자랑스러운 두 분의 아들 딸들(며느리, 사위, 손자 손녀들…….) 이 세상에서 살아가는 동안 두 분 좋아하시는 일등으로 살아갈 수 있게끔 잘 보살펴주세요."

2003. 1. 12. 02:00

28×40(cm) watercolor on arches

마음에 쓰는 편지 01

노래에 얽힌 추억들

가까이 있으면서도 엄마한테 가지도 못한 채 6월이 다 가고 있네? 많이 잊었다고 생각했었는데(사실 어떻게 잊을 수가 있겠어?) 아직도 엄마 이야기를 하면 엄마 생각이 나서 눈시울이 붉어져. 엄마는 '엄마' 라는 말만 들어도 마음이 짠했다고 그랬지? 엄마가 그런 얘기 할 땐 잘 몰랐어. 근데 엄마! 나도 그래, 엄마처럼 나도 그래. 엄마가 좋아했던 노래를 들을 땐 특히 더 그래.

엄마랑 갔었던 인사동 북 카페 기억나? 거기 갔었어, 어제. 사진도 찍고 음악도 듣고 놀았는데 엄마 생각 많이 나더라. 잘 있어, 아부지랑? 아부지도 많이 보구 싶다, 엄마!

'우리 일생에서 잠자고 노여워하고 외출한 시간 빼고 많이 잡아서 1년에 하루 한 시간 가족들과 즐겁게 보낸다 할 때 평균수명 70으로 보면 70시간, 약 3일 꼬박 즐거운 거다. 가족들과 더 많은 시간을 즐겨라.' 라며 직원들에게 말씀하시던 거 녹음돼 있어서 언제든지 들을 수 있어.

남해대교에 가서 'Take me home country roads' 부르던 생각난다. 대학 1학년 때였나? 수업 빼먹고 놀러갔었지. 노는 걸 좋아하는 건 아버지가 어릴 때부터 우리를 유원지나 능에 김밥 싸 가지고 놀러 데리고 다녔던 때문 아닐까? 심지어 엄마 큰아들 대학원 수학여행 때 회사 빼먹고 설악산 따라 갔었잖아. 미국서 온 언니랑 우리 식구들 다 갔었지.

'꿈결에도 잊을 수 없는 그곳, 푸른 숲이 우거진 설악산~' 뭐 그런 노래가 있어. '잘 있거라, 설악아. 다시 보는 날까지……. 대청봉에 물 들은 저녁노을을~' 뭐 그런 노래도 있고…….

대학 산악부에서 산에 다닐 때 부르던 노래들인데 몇 해 전 언니가 재직 중인 대학 있는 미시간에서 박사학위 받은 대학 있는 미네소타까지 18시간 드라이브하면서 언니와 부르던 노래들이기도 해. 미국에 오래 산 언니는 차 안에서 노래 부르는 걸 참 많이 좋아해서 조용필의 노래랑 양희은, 최진희의 노래랑 언니가 좋아하는 동요들이랑 막 부르고 다녔었지. 50이 넘어서도 아이 같은 마음을 가지고 동요를 좋아하는 언니를 닮으려고 많이 노력했던 기억이 나.

며칠 전 월드컵경기장에서 월드컵 1주년 기념 경기가 있었어. 모두 빨간 티를 입고 '대~한민국'을 외치더라. 명동에 빨간 티셔츠 사러 갔던 생각나? 역사에 남을 월드컵이라고 후손들에게 물려줘야 한다며 엄마 손자들에게 티셔츠와 두건 하나씩 사 줬지? 우리나라 이길 때마다 애국자 엄마는 월드컵송도 따라 부르며 너무 기뻐했었지.

이제 곧 장마가 올 거야. 아버지 평소 성격대로 맨 위 자리 차지하고 있으니 걱정은 없지만…….

그렇게 가을이 오고 또 겨울이 오겠지? 세월이 참 너무 빠르다. 엄마랑 헤어진 지 벌써 반 년이 훌쩍 지나가 버렸어. 장마가 본격적으로 시작되기 전에 꼭 아부지 엄마 만나러 갈게.

2003. 6. 20. 새벽에

27.3×22(cm) watercolor on arches

마음에 쓰는 편지 02

비 오는 밤, 불러도 대답 없는 사랑하는 나의 아버지

오늘은 하루 종일 추적추적 비가 내렸어요. 아버지와 헤어진 지도 이제 어느덧 8년이 다 돼 가네요.

아버지와의 처음 기억은, 언젠가 제가 많이 아팠을 때 추운 겨울이었던 것 같은데 따뜻한 것으로 뒤집어 씌워서 한의원에 데리고 가셨던 것과, 횡단보도를 건널 때 제 머리 양쪽에 손을 대고 좌 한번 우 한번 돌리면서 살펴보라고 말씀해 주시던 것입니다. 앞마당에 그네를 손수 만들어 주시던 기억과 휴일이면 김밥을 싸 가지고 능이나 유원지를 찾았던 것도 소중한 추억으로 자리하고 있습니다.

초등학교 때는 서오릉으로 소풍을 많이 갔었죠. 아버지 직장에서 우리 떠날 때까지 손 흔들고 계셨던 아버지 모습, 지금도 기억이 나요. 아버지가 만들어 놓은 그곳의 연못, 얼마 전 찾아가 봤었는데 한없이 크게만 느껴지던 상상 속의 연못이 왜 그렇게 작게만 보이는지……. 그곳에서 아버지와 나누던 얘기들 아직도 들리는 듯합니다.

생일이 같은 하나뿐인 동생과 나는 새해가 되어 캘린더가 생기면 우리 생일날에다가 커다랗게 빨간 동그라미를 쳐 놓았었죠. 자장면이 흔하지 않던 그 시절, 생일날 오후에는 당연히 아버지 근무처를 찾아 자장면을 먹었었고요.

초등학교에서 중학교로 가며 쉬는 몇 달 동안 우리 일곱 남매에게 아버지는 천자문과 영어, 수학을 가르쳐 주셨어요. 그래서 한자는 지금도 남들보다 많이 알고 있다고 자부합니다. 또, 중학교 때인가 추석 차례 지내시면서 초헌(初獻)과 아헌(亞獻), 종헌(終獻)에 대해서 말씀해 주시던 것도 기억납니다. 초등학교 5학년 어느 날 담임선생님께서 "아빠가 좋아? 엄마가 좋아?"라는 상투적인 질문을 한 적이 있어요. 거의 모든 아이들이 엄마가 좋다고 말했었는데 저는 당당하게 아버지가 더 좋다고 말한 것이 기억나요. 아버지가 얼마나 아들들을 마음 든든해하며 좋아하셨다는 걸 알지만, 겉으로는 "딸이 더 좋아."를 외치셨었잖아요?

엄마와 함께일 때는 늘 그랬어요. "엄마, 우린 아부지를 더 좋아해."라고……. '자율'과 '의지'와 '사랑'을 알게 해 주신 분, 이렇게 구슬프게 비가 내리는 밤이면 아버지가 더욱 그리워집니다.

청천벽력이라고 하나요?

아버지께서 그렇게 갑자기 우리 곁을 떠나실 줄은 정말 몰랐습니다. 교과서를 만드는 일로 퇴근이 많이 늦었던 어느 날, 병원에 잘 가지 않으시던 아버지께서 여의도 성모병원에 입원하셨다는 말을 엄마로부터 전해 듣고도 그것이 아침에 나올 때도 평소와 다름없던 아버지와의 마지막을 예고하는 사실이라는 것을 전혀 눈치 채지 못했습니다.

핸드폰보다 삐삐가 더 흔하던 시절, 아버지 상태를 숫자로 표시하던 기억도 생생하네요. 777이면 좋아진다는 뜻이었던 것 아부진 모르시죠? 우리가 이렇게 아버지 위해 positive power를 보내고 있었노라고 사진까지 찍어가며 기록해 두었었는데……. 그 이야기 아버지께 다 해 드리지도 못했는데.

마지막 날 저녁 면회에서 그 밤이 다하고 새벽이 올 때까지의 시간들은 왜 그렇게 길었던지……. 오늘이 마지막이 아니기를 모두 빌었었지만 우리는 임종을 지킨 한국에 사는 6남매 이외의 지인(知人)들에게 444를 쳐야만 했습니다.

미국에서 돌아와 얼마 되지 않던 오빠는, 우리가 자주 찾아주길 바라는 아버지 마음에 드시는 산소 자리를 찾느라 지친 눈으로, 밤에 떠나 하루를 줄게 하지 않고 몇 시간 더 버티시다가 3일 내내 장

례를 알차게 쓰라고 새벽에 떠나주신 것을 고마워했었습니다.

아버지는 무슨 예감이 있으셨던가요?

떠나시던 그해 봄부터 왜 서울의 능들을 모두 순례하셨었나요? 왜 우리는 그걸 눈치 채지 못했던 것일까요…….

조그만 일에도 감격하고 세상 모든 것들이 아버지처럼 선량하다고 믿으셨던 분……. 영정 사진조차 준비하지 못한 채 아버지 함자 앞에 '故'라는 글자를 붙여야 했을 때의 우리 마음을 아세요?

그날 아침 태양은 눈부시게 빛났었습니다. 여권사진을 찍었던 사진관을 찾아 횡단보도를 건너며 하늘이 노래지는 슬픔을 그때 처음 느꼈습니다. 언제나 "괜찮을 거야."라며 우리를 위로해주던 엄마에게 "이제 아부지 놓아드리자."라고 말하던 오빠의 떨리는 음성을 저는 아직도 잊을 수가 없습니다.

"모든 것은 그대로인데 이 박사가 없다. 오늘은 그 아들이 무척 보고 싶다."라고 오빠가 하는 치과 갔다 와서 일기에 쓰셔놓고 그 아들 돌아오는 것도 못 보시고 떠나신 것 지금 생각해도 너무 안타깝습니다.

아버진 좋은 일 많이 하셨으니까 지금은 어느 곳엔가 태어나셨겠죠? 아버지처럼 좋은 사람 되려면 아직 멀었는데 엄마는 제게 늘 그랬어요. "너는 니 아부지하고 똑같다."

아버지처럼 엄마처럼 되려고 노력은 많이 하고 있답니다.

베란다 너머 잔디 위로 내 맘처럼 비는 아직도 내리고 있네요.

2003. 7. 9. 밤 11:10

자식에게 어머니는 인생 최초의 선생님이자 가장 좋은 선생님이다.
– 이케다 다이사쿠

41×31.8(cm) oil on canvas

마음에 쓰는 편지 03

비가 오면 더욱 생각나는…….

엄마, 오늘은 비가 아침부터 내렸어. 비가 오면 이상하게 엄마가 더 생각이 나. 호박부침개를 해 먹고 커피를 마시고 나서 이렇게 앉아 엄마에게 글을 쓰고 있어. 늘 나누는 삶을 살았던 엄마처럼 10호집 할머니께도 조금 드렸더니 답례로 김을 가지고 오셨네.

엄마!

어디서나 당당하게 살 수 있게 키워주신 부모님께 요즘 부쩍 고마운 생각이 들어. 사실 나도 살기 버거울 때가 많은데 아무 걱정 없이 사는 내가 너무 부럽다고 하는 사람들을 많이 만나, 요즘……. 마치 푸른 하늘의 구름처럼 거칠 것 없이 살아가는 내가 너무 부럽다나? 내 맘속에선 얼마나 많은 것들과 싸우고 있는데 말야. 엄마 손자손녀도 그렇지만 엄마 아들 딸들 어디 가서 꿀리는 짓 안하고 잘 살게끔 모두 강인하게 키웠잖아. 그런데 아직 미성년인 아이에게 그런 말을 듣고 참 마음이 많이 아팠어. 내가 그 아이에게 뭘 해줄 수 있을까? 이미 너무 커 버린 아이와 나는 죽을 때까지 만나기로 약속했어.

엄마, 이 비가 그치고 나면 가을이 성큼 우리 곁으로 다가오겠지? 그리고 금방 또 겨울이 올 거야. 참 세월은 빠르기도 하지. 엄마와 헤어진 것이 작년 11월 25일 새벽. 벌써 1년이 다 돼 가네?

올해부턴 엄마가 끓여주는 미역국을 못 먹게 되겠지? 이제 생일도 얼마 안 남았는데 말야. 내가 이렇게 혼자 살 걸 예견했던 걸까? 엄만 어떻게 나와 막내의 생일을 똑같이 만들 수 있었을까? 비록 2년의 차이는 있지만…….

가을이 오고 월드컵경기장을 지나는 길가에는 엄마가 좋아하던 코스모스가 반갑게 인사할 거야. 기차를 좋아하던 어린 시절 기찻길 옆에 피어있던 키 큰 코스모스를 추억하며 아버지, 엄마와 함께 한 그 어린 날을 기억하며 아마도 코스모스를 뚫어지게 쳐다보곤 하겠지.

얼마 있음 추석이야. 엄마 없는 첫 추석, 맛난 것 많이 가지고 엄마 만나러 갈게. 매달 한 번씩은 엄말 만나려 했었는데 모든 게 맘뿐이야. 이러는 내가 너무 싫다. 가을을 젤 좋아하긴 하지만 가을이 오고 겨울이 오는 것도 요즘엔 너무 싫다.

2003. 9. 2. 저녁 5:30

25.8×16(cm) watercolor on arches

꽃을 보면 더욱 그리운

엄마~ 오랜만이야.
나 내일 또 엄마 보러 갈 거야, 엄마 친정 조카들도 많이 간대.
외할아버지, 외할머니, 외삼촌들과 친할머니……
모두 함께 모여 계시는 그곳.
굳이 선산을 싫다 하시고 외가 어른들 살아 계실 때부터
좋아하시던 아버지는
그들과 함께 계셔 외롭지 않으실 거야.

엄마…… 나, 감기가 심하게 걸렸어.
엄마 있음 기침도 몰래몰래 했을 텐데
이젠 맘 놓고 하니까 목도 아프고 가슴까지 막 아프다.
엄만 내가 기침 조금이라도 하면 약이건 과일이건 막 먹이려 해서
안 아픈 척 기침도 몰래몰래 했었지.
집 앞 병원에 갔다 오는 길에 엄마가 늘 그랬듯이
나도 장을 조금 봐 왔어.
차 안 가지고 가서 그냥 들고 올 수 있을 정도만 샀어.
첨에 거기 갈 땐 엄마가 어딘가에 있는 것 같아 눈물께나 짰었는데
오늘 난 울지도 않고 잘 왔어.
집에서 한 정거장인 그곳엘 가도 예전엔 차를 가지고 갔었지만
이젠 뚜벅뚜벅 잘도 걸어갔다 오곤 해.

꽃을 보면 꽃을 무척이나 좋아하던 엄마가 더 많이 보고 싶다~~~
2004. 4. 14. 저녁 6:55

나무가 고요하고자 하나 바람이 멈추지 않고 자식이 효도하고자 하나 어버이가 기다리지 않는다. - 한시외전

22×16(cm) watercolor on arches

마음에 쓰는 편지 05

엄마 없는 어머니날

엄마, 비가 오네? 어제는 날씨가 참 화창하더니만…….
조금씩 내리던 비가 이제 주룩주룩 내리고 있네.
세월이 왜 이렇게 빠른지 모르겠어.
벌써 5월이야.
사실 나이 같은 거 별로 의식은 안 하지만
세월의 빠름을 느끼고 있다는 것은
그만큼 늙어간다는 거 아니겠어?

엄마……
날씨가 화창하면 화창한 대로 비 오면 비 오는 대로
엄마가 참 많이 보고 싶어.
보고 싶어도 어떻게 해볼 수도 없는 이 그리움은
대체 언제까지일까?

어제는 서점에 가서 엄마 막내 손자 어린이날 선물을 샀어.
『아들에게 아빠가 필요한 100가지 이유』라는 책인데
『딸에게 아빠가 필요한 100가지 이유』와 함께
요즘 잘 팔리는 책이야.
아들에게 엄마가 필요한 이유도 100가지쯤 있을 거고
딸에게 엄마가 필요한 이유도 100가지쯤 있을 텐데…….
책을 좋아하는 녀석이 좋아할 선물이겠지?
가끔 "아버지가 너무 싫었다."라는 사람들을 만나게 되는데
정말 안타깝고 이해되지 않는 부분이야.
아버지가 우리에게 해 주신 거 생각하면 말야…….

5월, '가정의 달'…….
엄마 없는 두 번째
어머니날을 맞이하게
될 것이 너무 싫어
애써 캘린더를
외면하지만
하루하루 시간은
잘도 지나가버려.
깨고 나면 잘 기억나지
않는 스토리지만
지난번에 엄마!
꿈에 나타나 줘서
고마워.

엄마와 아버지는
어디서 어떤 모습으로
다시 태어나셨을까?

우리가 알 수 있다면
얼마나 좋을까?

2004. 5. 2.

20×40(cm)
watercolor on arches

마음에 쓰는 편지 06

"엄마 보구 싶다~ 그치?"

엄마~ 초파일에는 세 군데 절에 다녀왔어.

마지막 간 곳에서는 마침 '산사(山寺)음악회'가 열려서 내가 좋아하는 장사익과 한영애의 노래를 아주 가까이서 들을 수 있었어.

불광사, 원광사, 길상사…….

내게는, 우리 가족에게는 모두 뜻 깊은 장소이지. 특히 길상사는 아련한 슬픔이 밀려오는 곳이야.

윗마당 아랫마당을 가득 채우고도 모자라 여기저기 걸터앉아 끝까지 공연을 보는 불자들을 보며, 엄마가 말했던 것처럼 일 년 내내 연등 켜진 거리를 지날 수 있다면 얼마나 좋을까 생각했어.

지난 주 다녀온 여주의 전원주택을 돌아 나오며 엄마와 함께 갔던 그날이 생각났어. 2년 전 가을, 어느 새벽에 엄마는 이천 작은 아버지 댁에 있었고 나는 엄마 픽업 갔었지. 늦은 오후였는데 왜 그 새벽이 생각났을까? 엄마랑 함께 고기도 구워 먹고 고구마도 구워 먹던 그 집 앞마당엔 잔디만 좀 더 무성할 뿐 모든 게 그때 그대로였어. '햇살 받는 아이들' 행사할 때 엄마는 감기 걸려서 못 갔었고 한 달 후였나? 그렇게 말없이 영영 못 올 길 떠나버렸고…….

밤 늦은 시간…….

엄마 막내아들이랑 카페에서 꽤 긴 시간 서로 손목이 아플 때까지 쪽지를 나누었어. 그러다 엄마가 잘 쓰던 말 우리 둘이 똑같이 쓰면서 킥킥거리다가 그 녀석 "엄마 보구 싶다, 그치?" 그러더라구.

과거보다는 미래를 생각하는 녀석이라 생각했었는데 그런 말을 듣고 보니 눈물이 왈칵 솟구치더라.

사실, *군 법당 원광사에 갔을 때 아부지 위패가 안 보이는 거야.

40×20(cm) oil on canvas

그래서 순간 얼마나 당황했는지……. 정신 차리고 보니 왼쪽이 아니고 오른쪽에 모셔져 있었어. 아버지 함자를 발견하니 얼마나 기쁘던지…….

엄마와 함께 갔을 때 법당이 2층에 있어서 늘 엄마만 내려놓고 난 차에서 기다렸었잖아. 아부지 보러 가자." 해도 마음은 정말 가고 싶었지만 고개만 살래살래 흔들었었지.

그곳에 올라가면서부터 엄마 생각 많이 나더라. 울지 않으려고 했었는데 또 많이 울었다? 함께 간 셋째언니한테 운 거 안 들키려고 했는데 아마 성공한 거 같아, 눈치 못 챈 것 같았거든.

어느새 3시네? 이제 9시간 후면 엄마 외손녀가 짝을 맞이하게 돼. 엄마 있었음 정말 좋아했을 텐데……. 이런 집안 행사가 있을 때는 더욱 엄마가 보고 싶은 거 엄마는 알아?

2004. 5. 29.

---

*군 법당 : 현역 군인과 가족들을 위해 군에서 마련한 절로서 승려들이 부처의 상을 모셔 놓고 불도를 닦으며 신도를 모아 불교의 이치를 가르치는 장소.

마음에 쓰는 편지 07

"엄마, 미안해……."

어제 오늘, 도배와 바닥 공사를 했어. 엄마의 기억을 지우려는 건 아니지만 새로운 분위기를 만들고 싶어서 시작한 일인데 다 하고 보니 누구를 위해 이렇게 했나 싶은 생각이 드네. 엄마 있을 때부터 너무 고치고 싶었는데 엄마도 알다시피 그때는 도저히 그럴 힘이 없었어.

지난 며칠 박스 포장을 하며 예전 우리 이사할 때 형제가 많은 우리들 각자 자기 짐은 자기가 싸도록 가르쳐 주신 아부지 생각도 나고 좀더 일찍 할 걸 하는 생각도 나고……. packing하는 법 꼼꼼하게 잘 가르쳐 주셔서 우린 모두 도사급이잖아.

우리 무선전화기 처음 사서 설치할 때 잘 안 되는 부분 매뉴얼 보며 밤 늦은 시간 끝까지 해내는 거 보고 엄마 나 칭찬 많이 해줬지? 그때처럼 "우리 *승은이 대단하다."라는 엄마 환청이 들리는 듯하더라.

하지만 울진 않았어. 사무치는 그리움은 느껴지면서도 울지 않고 잘 버텨냈어. 근데 모두 끝내고 외출하려고 나왔는데 경비아저씨가 엄마 얘길 하더라구.

"어머니 참 좋은 분이셨지. 자식들 고생 안 시키려고 가실 때도 조용히 편안히 가시고……."

하는데 눈물 나오는 거 겨우 참았어.

차를 타고……. 혼자가 되고……. 정말 그렇더라구. 뭘 위해 집수리를 했나. 엄마도 없는데……. 그런 생각이 팍! 들더라.

하지만 엄마가 자랑스러웠어. 사후 그것도 2년이 다 돼 가는 지금에도 엄마를 기억하는 사람들이 모두 "그 할머니 참 좋은 분이셨

---

*승은 : 집에서 부르는 내 이름.

40.9×24.2(cm) watercolor on arches

지…….” 할 때마다 ‘나도 그렇게 늙어가고 그렇게 가얄 텐데…….’ 생각하게 돼.

아직도 늘 엄마 얘기하는 옆집 아주머니도 저번에 짐 버릴 때 도와줬어. 엄마 말대로 이 세상에는 공짜가 없으니 받았으면 갚아야지, 그치?

한 주 내내 열심히 일하여 마무리 짓고 만난 깨끗한 집, 내가 쓰던 침대 버리고 엄마 쓰던 침대 위에 누워 처음 자려고 하는데 잠이 안 온다. 2002년 11월말 이후 엄마 짐 정리하며 혼자 많이 울었을, 엄마 자던 자리에서 또 많이 생각하며 울었을 넷째언니 생각도 나고 혼자 깨끗한 환경에서 살 생각하니 정말 많이 미안하네.

“엄마~, 정말 미안해.”

2004. 6. 18.

마음에 쓰는 편지 08

빨간 줄장미는 언제나

일요일 아침……

일찍 눈이 떠졌어.

여기는 엄마가 그토록 예뻐하던 재원이가 사는 수원이야.

녀석 버블건(비누방울 놀이를 요즘은 총으로 하네) 사오라고 하기에 어제 빗속을 뚫고 왔지.

목욕하고 있다가 "굉장히 반갑네요, 너무 많이 반가워요." 그러더라.

"내가 반가운 거야? 버블건이 반가운 거야?" 했더니 "고모가 주신 거라서 그냥 뜯기가 그러네요." 해서 "괜찮아, 예쁘게 뜯어." 했더니 그제야 포장을 뜯는 녀석…….

모두 30×30(cm) watercolor on arches

내가 성공했다면, 오직 천사와 같은 어머니의 덕이다. – A. 링컨

재원네 처음 수원으로 이사 가고 나서 길 익숙해지는데 한참 걸린 거 엄마도 기억나지? 이젠 눈 감고도 갈 수 있는데 엄마는 없고……. 언젠가는 수원 시내에서만 1시간 넘게 돌고 있었는데 싫은 소리 하나도 안 하고 내 차 타면 언제 내릴지 모른다는 말만 하곤 했었지.

차가 크고 좋은데 그 차에 엄마가 없어 문득문득 슬퍼지곤 해. 담벼락 너머로 보이는 빨간 줄장미를 보면 그토록 좋아하며 소녀 같은 웃음을 짓던 엄마를 떠올리게 돼. 빨간 줄장미는 언제나 엄마를 생각나게 하거든.

어제 그렇게 퍼붓던 비는 이제 그쳤는지 창밖으로 환한 햇살이 들어오고 있어. 갈 수 없는 나라, 엄마가 있는 그곳에도 비가 올까? 빨간 줄장미가 피어 있을까?

2004. 7. 4.

마음에 쓰는 편지 09

눈물이 메마른 줄 알았는데

눈물이 이제는 말랐으려니 했었어. 하지만 비가 오면 왠지 슬픈 마음이 되어버려. 어제 하루 종일 별로 나쁜 기분은 아니었는데 집으로 돌아오는 길에 비가 내리는데 울컥~ 하구 어떤 슬픔이 저 아래로부터 올라오더라.

스물 한 살 된 아이가 "엄마 보고 싶을 땐 어떻게 해요?"라고 물었는데 어떤 대답을 해 줘야 할까 한참 생각했었어. 스물 하나, 난 그때 아무 것도 몰랐었는데, 이런 이별을 꿈꾸지도 않았었고…….

인터넷 카페 '아, 어머니……'에서 벌써 슬픔을 알아버린, 긴 이별을 해 버린 아들딸 같은 어린 아이들을 만나면서 내가 가진 그리움은 얼마나 큰 사치인가를 깨닫곤 해. 어른이 되어 혼자서도 잘 살아낼 수 있을 때까지(물론 아직 서투르고 자신 없는 부분이긴 하지만) 함께 해 준 엄마와 그리고 아버지께 정말 고마움을 많이 느껴.

엄마가 어딘가에서 이 글을 읽을 수 있다면 얼마나 좋아할까? 엄마한테 골만 부리고 그랬던 거 정말 후회가 많이 돼. 좀 더 일찍 알려주지 그랬어? 하기야 엄마가 아무리 말해도 난 들으려 하지 않았었지. 이렇게 오래 갈지는 몰랐어, 이미 눈물이 메마른 줄 알았거든.

이 밤, 베란다 너머로 보이는 빗줄기처럼 내 마음에도 비가 내리고 있네. 엄마~ 나도 그 스물 한 살의 소녀처럼 엄마가 무지 보고 싶다. 정기 진료일에 의사는 "요즘 염증 수치가 많이 낮아져서 해피할 거에요. 해피하시죠?" 그러더라. "네."라고 자신 있게 말할 수 있어서 참 좋았는데 내가 행복하기를 바라는 주변의 많은 사람들 중에서 나를 가장 행복하게 해 줄 수 있는 사람은 아마 그 의사선생님이 아닐까 해. 의사선생님께 "너무 아픈데요?"라고 말하지 않게 엄마가 도와줄 거지?

2004. 7. 8.

마음에 쓰는 편지 10

엄마의 수첩을 넘기며……

장마철로 접어든 날씨는 엄마의 일기에서처럼 하늘에서 물을 쏟아 붓고 있네. 엄마, 그곳에도 비가 와?

집을 정리하며 엄마의 소중한 기록들을 다시 찾아내 타이핑을 하고 인터넷에 올리고 있어. 엄마 마음 못 헤아려서 정말 미안해. 엄마 좋아하는 것 더 많이 해 줄 걸……. 정말 이렇게 많이 이렇게 오래 후회하게 될 줄 몰랐어.

수많은 밤 회한의 눈물을 흘리며 엄마의 일기장을 넘길 테지만 아무 것도 남겨놓지 않아 어떻게 엄마를 기억해야 할지 모르겠노라고 슬퍼하는 사람들에 비하면 나는 행복해 해야 하나?

한정된 노트 속에서 울리고 웃기는 엄마의 글 솜씨……. 엄마 그렇게 멋지고 훌륭한 사람이었는데……. 엄마 학교 다닐 때 백일장에서 상 탔다고 아이들이 엄마 닮아서 글 잘 쓴다고 이야기할 때 우리는 "아버지 닮아서 그렇다."고 했었지. 엄만 그때 얼마나 서운했을까?

속도가 느리긴 하지만 타이핑 다 되면 책으로 만들어 줄게, 엄마가 엄마 손으로 직접 쓴 글들이니까 예쁘게 만들어 줄게.

엄마 떠나던 그해 봄, 엄마는 무엇을 예감했던 걸까? 노트를 보여줬었잖아. 그날 너무 바빴던 기억이 나. 겨우 '각시풀' 하나 읽고는 다음에 본다 하고 그만 잊어버렸지. 그때도 엄마 서운했지? 그 글들을 이제야 본다. 엄마는 가고 없는데 살아남은 활자들을 이제야 보면서 그 날들을 기억한다.

비가 주룩주룩 내리네. 오늘밤도 빗소리 때문인지 엄마 생각 때문인지 나는 잠을 설칠 것 같아.

2004. 7. 13.

마음에 쓰는 편지 11

보고 싶은 얼굴

연필인물화를 그리기 시작하면서 가장 먼저 엄마 얼굴을 그려야겠다고 생각했어. 엄마는 그 사진 싫어서 뒤에다 '밉다' 라고 써 놓았지만 언제나 당당함을 보이던 엄마 모습 잘 나타낸 사진이라 우리는 제일 좋아하며 냉장고에 붙여 두었었지. 엄마 셋째 딸과 나 그리고 엄마, 셋이서 갔던 하코네 유황온천에서 찍은 사진 말야. 더 잘 그리게 되면 엄마 젊은 시절부터 아버지 사진, 그리고 우리 가족 모두 그릴 생각이야.

요즘 인물이나 정물, 풍경을 연필 뿐 아니라 0.3mm 칼라 펜으로 그리는데 물감이나 연필로 그리는 것과는 다른 맛이 나서 좋아. 엄마 얼굴을 그리며 엄마가 싫어했던 잡티와 주름들 그리고 엄마 왼쪽 목에 점이 있는 것도 봤어.

나는 누구처럼 엄마를 안아드리지도 손을 꼬옥 잡아드리지도 못했어. 지금 엄마가 곁에 있다면 매일매일 할 수도 있는데 너무 늦게 깨달은 것 같아 아쉬워. 회한의 눈물을 흘리며 엄마 얼굴을 그리는 것으로 불효를 뉘우치려 해.

안 계신 부모님 그리워하는 것도 '효도' 일까, 정말?

그렇다면 조금은 마음이 놓이는데 그리 흡족하진 않아.

계실 때 잘해야 한다는 생각이 지배적이거든?

엄마, 오늘은 그만 쓸게.

그곳은 이렇게 덥진 않겠네?

빠이…….

2004. 8. 6.

23×33(cm) watercolor on arches

마음에 쓰는 편지 12

병원, 그곳은……

엄마, 어느 새 가을이 돼 버렸어. 가을은 사계 중 가장 좋아하는 계절이긴 하지만 정말 오지 않았으면 했어.

엄마도 기억하지? 1995년의 가을……. 다시 떠올리고 싶지 않은 기억이지만 가을바람이 불 즈음이면 아직도 생생하게 기억이 난다.

병원……. 평생 병원 한번 안 가고 살다 가는 사람이 있을까?

엄마 셋째 딸이 그저께 아침에 수술을 했어. 감기 잘 걸리고 감기로 입원까지 하고 그때마다 아버지 엄마 놀래서 달려가던 옛날이 많이 생각났을 거야. 큰 수술이 아니어서 다행이었는데 수술 전날 밤에는 의사가 겁을 많이 줘서 밤새 걱정한 모양이야. 어쩌면 큰 수술이 될지도 모른다는 생각으로 자는 둥 마는 둥한 눈빛이었어.

의사 선생님 설명이 "도둑 같이 생겨서 잡으려고 보니 다행하게도 도둑이 아니더라."라고 하더라? 설명 재밌지? 도둑이 뭐게, 엄마? 도둑이 바로 암이야.

엄마는 평생 많이 아프긴 했지만 그래도 엄마의 부모님이 주신 것 모두 그대로 가지고 간 거 보니 정말 효녀였나 봐. 백내장 수술과 심지어 치아까지 아주 깨끗하게 하고 떠났잖아? 언제까지일지 모르는 세월 살 동안 엄마가 부처님께 축원한 것처럼 나도 하면 되려나?

날 밝으면 또 병원 가야 해. "왜요?" "어디 아프세요?"라는 후배의 말처럼 내가 아프다는 것은 이제 '왜…….' '설마…….'라는 단어로 연결되지만 이것이 언제까지일까라는 것에 가끔은 불안감을 갖곤 해. 그간 몇 번 머리 아프던 것도 나를 행복하게 해 주는 의사 선생님이 다 해결해 주겠지? 엄마가 도와줄 거지? 잠은 안 오는데 이제 그만 자야겠다. 2004. 9. 3.

마음에 쓰는 편지 13

하늘은 맑고 푸른데

오늘은 엄마, 일찍 일어나서 집안일을 좀 했지. 빨래를 삶고 여름옷을 빨고 밥을 하고……. 먹고 사는 일이란 너무 힘이 든다. 어제 한 일 오늘 또 하고 내일도 또 해야 하니 말야. 혼자 먹는 밥인데 설거지는 또 왜 그리 많은 거야?

'엄마의 일기장'에 올릴 글들을 타이핑했어. 오늘은 2000년 1월 상반기를 쳤지, 아직도 생생해. 하지만 내가 몰랐던 엄마 생각을 이제야 알게 되니 마음이 많이 아프다. 내가 없었음 엄마는 아들과 살았을 텐데……. 생각도 해본다. 아무 소용없는 지금에 와서야…….

발목이 많이 아프다. 약을 줄여서일까? 엄마가 늘 말하던 "아프지 말고 자는 듯이 가는……"것이 이제는 조금은 피부에 와 닿아. 나는 엄마처럼 착하지도 또 엄마처럼 불심이 두텁지도 않아 자신은 없어.

원수를 사랑하라는 말……. 하지만 원수를 사랑할 순 없을 것 같아. 사랑하는 척해도 결국은 미워하게 돼.

이제 정말 가을인가 봐, 창밖으로 보이는 하늘이 무척 높아 보이네. 하늘은 이렇게 맑고 푸른데 엄마는 어디에 있는 거야?

어제는 추워서 문이란 문은 모두 꽁꽁 닫고 잤어. 요즘 눈도 아프고 피곤해서 일찍 잤더니 기분이 상쾌하네.

오늘 또 병원 가서 아픈 주사 맞을 거야. 무얼 생각하면 주사 바늘 들어가고 나올 때 아픈 걸 잊어버릴 수 있을까 궁리해야지.

2004. 9. 21.

마음에 쓰는 편지 14

벌써 10년

가을이 왔는가 싶더니 어느덧 겨울이 올 준비를 하는 듯 날씨는 점점 추워지만 가네요. 이런 날씨는 1995년 가을을 생각나게 해서 너무 싫어요.

아버지!

어느덧 10년 가까이 돼 오는데 아직도 생생하게 기억이 나요.

교과서 만드느라 야근하면서 저녁 면회 시간에 꼭 가려고 나섰던 길, 어스름에 만나던 바람 냄새를 맡는 날이면 더욱…….

어제 오후 갑자기 부는 바람을 맞으며 선뜻 다가온 추위를 느끼며 어떻게 살아야 할까 또 겁이 나기 시작했어요. 가을에서 겨울로 넘어가는 시간이면 불치병처럼 도지는 그런 느낌은 언제나 끝이 날까요?

자주 찾아오라고 종손이면서도 선산 대신 할머니 가까이 서울 가까이를 원하셨던 아버지……. 꼭 가야 하는 날이던 추석날, 이제는 쉽게 올라갈 수 있는데도 못 찾아 뵈서 정말 죄송합니다.

10월 6일날 갈게요. 언니들이랑 약속했어요. 어제는 추석 전날부터 오라고 전화하던 큰언니네 가서 무공해 야채랑 김치랑 과일이랑 잔뜩 싸왔어요. 초등학교 6학년 때 처음 만나 이제는 환갑을 넘긴 큰 형부는 아직도 내가 어린 처제인 줄 알고 밥이나 잘해 먹나를 항상 걱정하며 언니를 통해 이것저것 주고 싶어 한답니다. 클 때 우리 집에 오면 항상 집에 가고 싶어 해서 울어 대던, 이제는 유치원 학부형이 된 둘째 녀석은 명절 때나 보통 때나 가장 전화 많이 하는

17.9×25.8(cm) watercolor on arches

부모의 사랑은 내려갈 뿐이고 올라오는 법이 없다.
즉 사랑이란 내리사랑이므로 자식에 대한 부모의 사랑은
자식의 부모사랑을 능가한다.
– C. A. 엘베시우스

아버지 외손자에요. 그래 지금은 그 녀석이 가장 사랑스럽답니다.

저도 늙나봐요, 푸훗^^

환절기면 늘 찾는 곳……. 어제는 이비인후과엘 갔었어요. 별로 심하진 않다고 하는데 약 탓인지 오늘은 낮잠을 잤습니다. 4시부터 몇 시간 잤더니 하루가 가려는 지금까지도 잠이 오질 않네요. 그리다만 초상화를 완성해야겠어요.

아버지 것은 저번에 젊은 모습 그렸는데 좀 더 익숙해지면 최근 모습 그려 드릴게요.

PS. 엄마한테만 편지 쓴다고 샘내지 마세요. 아버지께서 늘 그러셨잖아요? “너 어마이(니네 엄마)한테 잘 해라.” 라구요.

2004. 10. 2.

마음에 쓰는 편지 15

오랜만에 꾸는 엄마 꿈

엄마…….

스토리는 잊었지만 며칠 전에도 꿈에 보이더니 어젯밤 꿈에도 엄마를 보았어. 하지만 모습은 보지 못했어. 내 대신 막내가 마중 나갔거든. 넷째언니 집 부근에서 엄마 친구 모임이 있어서 내가 끝나고 차 가지고 가겠다고 했더니 언제나처럼 "바쁘면 오지 마라, 조금 걸어서 등촌동 집으로 가면 되지." 했어. 이제 등촌동에 안 사는데…….

근데 역시 내가 바빠서 못 가고 있었더니 엄마 막내아들이 내 차(엄마가 안 탔던 새 차 말야) 타고 가는데 그 차 앞에서 어떤 빨간 차가 다른 차와 충돌해서 불이 났어. 개 때문에 차가 충돌하게 되었다고 개를 안은 두 아줌마가 조사를 받고……. 난 "아휴~ 조금만 빨리 갔음 클 날 뻔했네……." 했지.

이 꿈은 엄마……. 개꿈이야? 불 꿈이야?

입춘도 지나고 이제 또 새봄이 오려 해, 어느새…….

엄마 있는 그곳에도 엄마 좋아하는 예쁜 꽃들이 만발하겠지?

엄마! 꿈에서가 아니라 정말 엄마 많이 보고 싶다. 볼 수도 만질 수도 있을 때는 하나도 안 그리워하고 한번 만지지도 않았으면서 말야.

이번 설……. 해가 갈수록 그저 형식적이 돼버린 차례랑 세배 같은 치레를 끝내고 뺨을 꼬집기 좋아하는 엄마가 예뻐하던 손녀 수연이와 몇 시간 있으면서 '엄마 살았을 때 좀 더 많이 만져볼 걸…….' 생각했었어.

2005. 2. 17.

마음에 쓰는 편지 16

엄마 좋아하는 7일이야

어느새 봄이 오고 오늘은 벌써
봄이 시작된 3월의 일곱 번째 날이야.
엄마가 좋아하는 럭키 세븐,
그래서 엄만 아이도 일곱을 두었다며?

동네 초등학교에는 아직도 '축 입학'의 플래카드가 걸려 있더라.
어느새 40년도 더 지난 국민학교 입학이 생각났어,
엄마가 사다 준 빨간 책가방…….
등이 닿는 곳에 마치 백설탕과도 같았던
하얀 스펀지가 들어있었는데 아직도 뚜렷이 기억나는 건
'왜 가방에 설탕을 넣었을까' 하는 궁금증이었어.
왼쪽 가슴엔 하얀 손수건을 달고 입학을 했던 것 같아.
할머니(우린 할매라 불렀지)는 다른 애들보다
한 살 어린 내가 울고 오는 꼴을 못 보시곤
당장 달려가 혼내주곤 했었지.
외며느리 시집살이 많이 시킨 할머닐,
엄만 후세에서도 절대 만나고 싶지 않다 했지만
나와 언니들은 아직도 할머니 얘기 가끔 해.
오늘 외출하며 할머니라 부르기엔 젊은
머리가 허연 할머니를 봤는데 또 엄마 생각나더라.
엄만 어디쯤 있는 건지…….
엄마가 좋아하던 7일이 되니 더 많이 보고 싶네.

2005. 3. 7.

17

마음에 쓰는 편지

엄마, 우린 다시 만날 수 있을까?

베란다 아래로 보이는 잔디에는 파릇파릇 초록빛 싹이 돋고 목련은 어느새 꽃잎을 떨구고 있어.

53×33.3(cm)
watercolor on arches

지난 한식에는 엄마 찾아가지도 못했네. 오빠네 내외가 다녀오는 길에 우리 집으로 와서 내가 국수 삶아줬더니 맛있게 먹더라구. 점심 먹으러 나가자는데 엄마 있었음 나갔을 텐데…….

엄마는 꽃피는 계절 봄을 좋아했고 또 그 봄에 떠나고 싶어했지만 그런 엄마가 많이 생각나는 봄이 난 싫어.

어젠 호주 사는 친구 영숙이와 만나 북악스카이웨이의 꽃들을 봤어. 엄마랑 넷째언니랑 호주 갔을 때 밤 12시에 호텔로 찾아왔던 그 친구 말야. 마음은 십대 그대로인데 어느새 우리는 노인병을 이야기하고 자는 듯이 가는 이야길 하는 나이가 돼 버렸더라.

우리도 이렇게 늙어가는 것이겠지?

지난주엔 넷째언니가 며칠 있다 갔는데 "우린 엄말 만날 수 있을까?" 묻더라.

글쎄?

우린, 엄마…….

다시 만날 수 있는 거야?

2005. 4. 18.

내 자식들이 해 주기 바라는 것과 똑같이 네 부모에게 행하라.
– 소크라테스

마음에 쓰는 편지 18

신록이 우거진 여름

어느덧 신록 우거진 여름이 또 왔다, 엄마…….

며칠 전엔 영화를 봤어.

요즘은 집 앞 영화관이랑 지하철역이랑 있는 월드컵 몰까지 걸어서도 잘 가. 낮에 시간이 나 집으로 올 때면 늘 엄마를 생각해. 영화 보러 가던 날도 그랬는데 집 앞 잔디에서 네잎클로버 찾았을 엄마를 생각하며 또 울컥해지더라. 엄마가 있다면 영화도 함께 보고 월드컵경기장에 있는 mall도 함께 갔을 텐데…….

엄마 그거 생각나?

미국 갔을 때 둘째언니가 바빠서 수업하는 동안 우리를 mall에 데려다 놓고 가서 서점에 앉아 책 많이 보던 거 말야. 아직도 난 그 여름을 잊지 못하고 있어. 점심은 TGI에서 먹었던 기억이야.

어제는 정말 덥더라. 아직 찌는 듯한 여름은 아닌데 한여름처럼 더운 날이었어. 엄만 녹음 우거진 한여름의 초록 보다 지금처럼 여름이 시작될 무렵의 초록빛을 더 사랑했었지.

얼마 전 끝난 드라마인데 '부모님전상서'라는 것에서 그 집 가장이 돌아가신 어머니 아버지께 매일 자신의 일과를 편지로 보고하는 게 있었는데 '그거 내가 먼저 한 건데…….' 싶더라구, 푸훗^^

지금은 수원인데 늘 함께 오던 길 혼자 오며 또 엄말 생각했었지.

엄마 손자, 이제는 5학년이 되었는데 "월요일은 죽음이에요." 라면서 '검도, 영어, 농구…….'로 밤늦은 시간에 들어와 많이 볼 수도 없더라구.

그 아이 키도 크고 공부도 잘하고 건강하게 엄마가 잘 지켜줘.

2005. 6. 14.

72.7×53(cm) watercolor on arches

마음에 쓰는 편지 19

거미줄처럼 엮인 인간사

엄마! 지난주에는 설악산에 갔었어.

우리 가족 모두 여러 번 갔던 그곳 그 콘도에서 또 엄마를, 아버지를 생각하며 남아 있는 나만 즐거운 시간을 보내고 왔어.

왕골마을이라는 곳 어느 초가에 엮여진 거미줄을 보고 신기해하는 아이들(사우디 친구 아들 둘)에게 추억이 되라고 찍은 사진을 보며 거미줄처럼 엮인 인간관계를 생각해 보았어. 그 엮임 속에서 간혹 좋은 인연을 만나기도 하지. 내가 요즘 만나는 좋은 사람들은 아마 그런 부류에 속할 거야. 길지 않은 삶에서 굳이 만나서 즐겁지 않은 인간들을 만날 필요가 있을까 생각해. 좋은 사람만 만나고 살아도 짧은 세월인데 말야.

엄마 말대로 정말 나이가 들수록 시간이 왜 이렇게 빨리 가는지…….

어느새 2005년의 후반부로 접어든 지도 반 달이 되어가네. 요즘 주사 부작용이 조금 나타나서 어제는 생전 가지 않던 피부과에 갔었어. 작년 이맘 때 한번 갔던 그곳을 나오며 엄마가 내과에 들렀다 나오는 길에 샀을 법한 노점 아주머니에게 찬거리를 조금 샀어.

요즘 같으면 엄마와 시장도 자주 갈 수 있을 텐데 생각하면 많이 아쉽다. 대형마트는 엄마랑 자주 갔었지만 시장 간 걸 생각하려면 한참을 기억해야 해. 아마 어린 시절쯤으로밖엔 기억 안 되네.

편지를 자주 쓰는 듯싶어도 한 달 한 번 꼴이야.

더 많은 횟수가 되도록 많이 노력해 볼게.

2005. 7. 14.

72.7×50(cm) oil on canvas

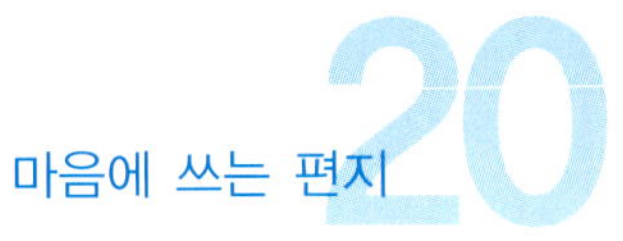

엄마 꿈

어제 밤에는 엄마를 만났는데 엄마 친구들과 어딘가 여행을 가더라구. 엄마, 그곳에서도 여기에서처럼 여행 많이 다니고 있어?

일상생활을 하며 아직도 많이 엄마를 기억해. 때로는 눈물과 섞어서……. 밥이 되자마자 내가 먹게 되면 엄만 참 좋아했지? 그때 먹는 게 가장 맛있다면서……. 밥을 하면서도 항상 생각을 해.

화장실 변기 위에는 언제나 여분의 휴지가 놓여 있었지. 얼마 전 화장지가 떨어졌을 때 문 앞의 박스 안에 있는 걸 꺼내면서 미리 준비해 놓지 못한 걸 후회하며 또 엄마를 생각했었다. 샤워하면서도 변기 뚜껑을 덮어놓으면 물이 안 튀는데 난 엄마처럼 그렇게 하지 못하고 뒤에 들어온 엄마가 항상 물기를 닦아내곤 했었지. 이제 와 후회하면 무엇 하겠어?

며칠 전 넷째 형부가 자동 보조키를 달아주었어. 이젠 열쇠 없이 다녀도 돼. 또 엄마를 생각했지. 참 좋아했을 텐데…….

우리 동 삼총사 중 이제는 혼자 남으신 옆집 아주머니가 아들 가는 거 보고 자랑삼아 말하더라.

"아들이랑 온천 갔다 왔다."라고.

엄마도 아들과 함께 다녀온 곳을 특히 좋아했었는데…….

지지난 주에는 엄마 막내네 식구 셋이 아침부터 와서 아침 점심을 해 주고 엄마 막내 손자와 함께 수영 다니느라고 무지 바빴다. 닷새 동안의 일과가 끝나고 곧 내 생활로 돌아왔지만…….

33.3×22(cm) watercolor on arches

그리고 또 지난 주 화요일에는 '효사랑' 모임에서 '아침고요수목원'에 다녀왔어. 평생 봐야 할 사람들이라는 동행했던 사람들의 말처럼 나도 그들을 평생 만나야 할 것 같아. 참 좋은 사람들이거든.

꽃을 보며 꽃을 좋아하던 엄마를 참 많이 생각했었다.
아직도 난 엄마와 살았던 날들을 또렷이 기억하고 있어.
내 기억이 생성된 그날부터 엄마와의 마지막 날까지 모두…….

2005. 8. 20.

마음에 쓰는 편지 21

엄마와 나의 고향 안동

태어나기만한 곳 안동을 다녀왔어. 어디쯤이었을까, 48년쯤 전에 엄마가 나를 낳은 곳과 각시풀을 뜯어 인형을 만들며 놀던 엄마의 유년이 숨 쉬는 곳은……, 아무리 둘러보아도 알 수가 없더라. 이럴 줄 알았음 엄마랑 함께 가보는 건데.

도산서원이랑 헛제사밥이랑, 함께 걸으면 사랑이 이루어진다는 월령교랑 낙동강 상류에 만들어진 안동댐과 임청각 등 꼭 가보고 싶었던 곳을 돌아보고 얘기만 듣던 헛제사밥을 제사 많던 종가의 후손답게 고추장도 없이 여러 나물로 비빈 비빔밥에 안동의 명물 간고등어를 얹어 한 그릇을 순식간에 비웠어.

안동 고성 이씨의 대종택인 99칸 규모의 임청각은 500여 년의 역사를 자랑하는 고택으로 안채, 중채, 사랑채, 사당, 행랑채, 별당 등 전형적인 조선시대 양반 가옥인데 자그마치 9명의 독립 운동가를 배출한 대한민국 임시정부 국무령을 지낸 석주 이상룡 선생의 생가야. 독립 운동가 유족들과 함께 한 여행이라 더욱 뜻 깊었어. 독립 운동가를 많이 배출하니 일본 놈들이 집안의 기를 끊으려고 마당을 가로지르는 철로를 놓아서 지금은 원래 규모의 절반 정도로 줄었고 철로로 인해 기운이 끊긴 것은 물론 낙동강을 굽어보던 시원스런 경치도 사라졌다고 후손이신 이항증 선생께서 설명해 주셨어. 임청각 바로 옆에는 국보 16호로 지정된 통일신라시대 유적인 신세동 칠층전탑이 있어.

어둠이 내리는 안동을 떠나오며 여행 좋아하던 엄마 생각 많이 나더라. 다음에 또 안동을 가게 되거들랑 내가 태어난 철도관사를 꼭 찾아가 봐야겠어. 시간 없어서 못간 하회마을과 함께…….

2005. 10. 18.

부모 앞에서는 결코 늙었다는 말을 해서는 안 된다. - 소학

30×28(cm) watercolor on arches

마음에 쓰는 편지 22

고맙습니다

이렇게 추운 날
언 몸 녹일 수 있는
따뜻한 집이 있음을 감사드립니다.
운전할 수 있는
능력 주신 것 감사드립니다.

어떤 어려움이 있어도
웃을 수 있는 사람으로
키워주신 것 감사드립니다.
위보다 아래를 보며 살아야 한다고
가르쳐주신 것 감사드립니다.

글쓰기를 좋아하고
그림 그리는 것을 좋아하는
예술적 재능을
물려주신 것 감사드립니다.

무엇보다 아버지, 어머니~
맑고 밝은 마음으로
살아가게 해 주신 것
감사드립니다.

2005. 12. 19.

20×40(cm) oil on canvas

My way

엄마, 새해가 밝았어. 참 세월은 빠르지?

작년 말, 엄마 손자가 엄마 동생이 나온 대학인 서울치대 대학원에 합격했다는 기쁜 소식이 있었어. 초등학교 때부터 공부 잘 한다 소리 듣던 녀석이었는데 아빠와 같은 길을 갈 수 있게 되었으니 얼마나 대견한 일이야? 엄마, 아버지도 아마 그곳에서 소식 듣고 있겠지?

며칠 전이었던 걸로 기억되는데 아버지 꿈 꾼 것 같았어. 꿈이란 게 시간이 지나면 잊혀지잖아. 무슨 스토리였는지 기억은 안 나.

요즘은 삼한사온도 없이 무척 춥다. 엄마와 이별하던 때도 무척 추웠었는데 지금은 그때 댈 것도 아니게 추워. 연말과 올해의 시작을 지독한 몸살로 많은 시간 침대에 드러누워 있다가 외출하던 어느 날 옆집 아주머니를 만났어. 평소보다 쓸쓸함이 느껴졌는데 병상에 계시던 아저씨가 돌아가신 지 20여 일 된다며 "쓸쓸해……." 하시더라구. 우리 동 삼총사 중 혼자 남은 아주머니였는데 아들 사는 곳으로 이사 가는 거나 아닌지 몰라.

어제는 자다 일어나 심야 TV를 봤는데 예전에 이름난 가수였다가 프랑스로 유학 가서 미대 교수가 된 키 큰 여자 가수 특집이었던 모양이야. 내가 보기 시작한 것은 거의 끝날 무렵이었는데 그녀의 데뷔곡을 부르고 나서 'My way'를 원어로 부르는데 연륜에 배어 나는 가창력에 넋을 잃고 봤다.

나의 길, 내가 가는 길은 어디로 향하고 있는 걸까……. 2006년을 맞이하며 또 다른 한 세대에 접어들며 내가 걸어온 길, 걸어갈 길에 대한 생각을 해봤어.

2006. 1. 8.

마음에 쓰는 편지 24

공항의 이별

엄마, 정말 오랜만이지?

5월의 마지막 날에 엄마 손녀가 캐나다로 유학을 떠났다.

박사가 된 엄마 둘째딸과 김포공항에서 이별하던 때가 생각났어. 다시 못 만날 듯 친척들 모두 모여 송별파티를 하고 공항에선 또 왜 그리 슬피 울었는지. 그때는 외국 가는 것이 지금처럼 쉽지 않아서였을 거야. 하지만 요즘은 상황이 많이 달라져 미국이나 캐나다는 물론이고 유럽이나 러시아 가는 일도 별로 어렵지 않은 일이 되었어.

국내선 비행기 타듯 느긋하게 출발 시간 다 돼서도 들어오지 않는 딸에게 아빠는 전화를 해대고……. 엄마의 왕 보수 큰아들 탓에 유학 가는 결정이 늦어진 모양이야. 미국 갈 때는 "아빠 공부하시는데 왜 우리까지 가야 해요?"라던 녀석이 돌아올 때는 오고 싶어 하지 않는 걸 조기유학이 성행하는 우리나라지만 가족은 함께 살아야 한다는 생각을 가진 아빠 때문에 들어온 이후 계속 유학 가고 싶어 했었거든. 뜻이 있는 곳에 길이 있긴 한 모양이야. 딸의 뜻에 꺾이는 걸 보면……. 영어는 어릴 때부터 한 게 있으니 쉽게 따라갈 테지만 열심히 공부해서 좋은 결과를 얻을 수 있으면 좋겠어.

어느새 6월이야. 이제 아파트 담벼락엔 빨간 줄장미가 또 흐드러지게 피어 있다. 줄장미는 언제나 엄마를 생각나게 하지.

며칠 전 엄마 작은 아들과의 통화에서 자식 힘들게 하지 않으려 애썼던 우리 부모 얘기로 시작해서 "보고 싶다"라는 말로 끝을 맺었어.우리가 다시 만날 시간이 점점 가까워오는 듯 세월은 정말 빨리도 간다. 많이 아팠었다는 것으로 오래 편지 못 쓴 것 변명해도 될까?

2006. 6. 2.

91×65.2(cm) watercolor on arches

마음에 쓰는 편지 25

응급실

엄마, 오랜만이지?

심한 피해를 준 지루한 장마가 이젠 끝이 난 모양이야.

어제는 왼쪽 엄지손가락을 칼에 심하게 베었어. 아침 일찍 일어나서 폼보드(미술재료 중 하나)를 잘랐는데 전화를 받고 시계를 보니 아침도 못 먹은 채 시간이 꽤 흘러 빨리 하고 밥 먹어야겠다 생각하며 급히 한 모양이야.

'칼질' 오래 해서 칼에 베이리라곤 생각 안 했었는데……. 선홍색 피가 막 흐르는데 주변의 휴지로 꽉 틀어막고 병원에 가야겠다는 생각을 했어. 허둥대지 않고 엄마가 가르쳐준 대로 침착하게 행동했어. 운전을 할 수는 없고 119를 부를까 하다 혼자 해 보려고 지갑을 열었는데 돈을 꺼내진 못하겠더라. 택시비 주기도 어렵겠다 싶어 옆집에 갔었어. 옆집 동갑내기는 마침 집에 있었는데 렌지에 무얼 올려 놓았다며 그걸 끄고 고맙게도 얼른 나와 주었어. 가까운 세브란스병원 응급실로 갔어. 시간이 꽤 흘렀는데도 피는 멈추지 않더라. 환자도 많아 한참을 기다려야 했어.

그때, 언니처럼 엄마처럼 나를 아끼는 분이 왠지 전화하고 싶었다면서 전화를 했어. 한가하지 않은 사람인데 금방 달려왔더라. 소독을 하고 국소마취를 하고 몇 바늘 꿰맨 후 정신을 차리고 보니 고마운 사람들이 내 주위에 참 많다는 생각이 들었어.

시계는 2시를 훌쩍 넘기고 있었는데 엄마와도 갔었던 식당에 가서 설렁탕을 먹고 돌아왔어. 정말 사고는 예고 없이 찾아오는 것 같아. 매사에 더욱 조심해야겠어. 요즘은 엄마에게 자주 편지를 못 쓰고 있지만 그래도 매일 엄마 생각을 해.

2006. 7. 31.

53×41(cm) oil on canva

마음에 쓰는 편지 26

엄마를 제사지낸다는 건

아직도 익숙하지 않은 일인 채 벌써 4번째를 맞이했어.

해마다 가을이 시작되고 그 가을이 깊어 11월이 되면 마음속 깊은 곳에서 시작된 슬픈 덩어리가 온 몸을 휘젓는 듯하여 멍한 기분이 되는 것도 이제는 습관이 되어 버렸고…….

이제 10여 일 남은 올해는 유난히 짧았던 것 같아. 봄, 가을 한 달 이상씩을 아팠었기 때문일까? 아직도 무릎의 통증은 완전히 가시지 않았어. 우리 집에서는 아픈 사람의 대명사가 나였는데 이젠 상황이 많이 달라졌어. 모두들 나이를 먹고 희끗희끗 머리도 희어지고 하나 둘 아픈 곳이 생긴다고 한 마디씩 하더라.

제사상에 놓인 영정을 보며 "우리 식구 모두 아프지 않게 해 달라."고 빌었어. 엄마는 항상 "나 혼자 다 아플 테니 내 자식들은 아프지 않게 해 달라."고 했었지.

엄마 막내아들은 가끔 엄마 얘길 하곤 해. 어떨 땐 엄마가 보고 싶고 어떨 땐 아버지가 보고 싶고 그렇대. 지난번엔 일 땜에 산소 근처 갔다가 혼자 올라갔었대. 그러면서 그러더라. "참 좋은 엄마였는데……." 엄마 조카들도 그런 얘기를 해. "큰고모 정말 좋은 분이었다."라고 말야.

곁에 있을 때 난 왜 못 깨달았는지 정말 후회가 많이 되면서 그만큼 눈물 펑펑 쏟도록 엄마가 그립고 보고 싶고 그래.

2006. 12. 11. 엄마를 보내고 음력으로 네 해째 되는 날

27.3×22(cm) oil on canvas

27

마음에 쓰는 편지

생일

아버지, 어머니…….
이 좋은 계절에 태어나게 해주셔서 정말 고맙습니다.
함께 계실 땐 이런 고마움 느끼지 못했었는데…….

어제는 북한산 자락의 펜션 같은 집에서 미역국이랑 내가 좋아하는 잡채를 비롯한 10가지 반찬과 함께 저녁을 먹었어요. 중국에서는 반찬이 짝수여야 한다며 굳이 10개를 채우는, 내게 이모라 부르는 아이들. 산을 좋아하는 내게 산 냄새를 맡게 해 주려는 아이들 엄마와 지난주엔 승가사까지 운행하는 차를 타고 돌탑이 즐비한 절을 찾았었죠. 바쁜 시간 쪼개 진수성찬 차려주신 연길에서 온 아이들의 엄마에게 정말 가슴 깊이 고마운 마음이에요. 그림도 그리고 저녁도 먹고 참 즐거운 시간이었는데 나는 언제나 받기만 한다는 생각이 들어요.

시간은 왜 이리 빨리 흐르는 건지…….

올해 무엇을 하며 상반기를 보내고 여름을 보냈는지 되짚어 보니 별 기억이 없는데 이제 캘린더는 3장 딸랑 남았네요.

참 좋은 부모님이었다는 생각은 해가 갈수록 더 깊어지지만 전처럼 자주 글을 쓰지 못하는 건 애정이 식어서가 아니라 부질없는 것들에 시간을 뺏기고 있기 때문이라고 너그러운 마음으로 이해해주시기 바랍니다.

추석 때 가족들과 함께 찾아뵐 수 있어 그래도 행복했습니다.

공원묘지 근처로 큰길도 뚫리고 아파트도 들어서니 이제 도시화의 물결에 산소를 내놓아야 할 날이 머지않으리란 불안한 생각이 들기도 했지만…….

엄마가 늘 그러셨듯 미역국 맑게 끓여 따뜻한 아침을 먹는 걸로 생일날을 열었습니다. 살아 계실 때 못했던 말, 생일을 맞아 다시 되뇌어 봅니다.

"고맙습니다" 그리고 "사랑합니다"

2007. 10. 4.

마음에 쓰는 편지 28

추석

엄마, 자주 써야지 생각은 하면서 뭐 그리 바쁜지 정말 오랜만에 편지를 쓰네. 어제는 추석이었어, 비가 많이 왔는데 산소는 그대로여서 우리 모두 안심했어. 좀 늦게 출발했더니 오가는 길 차가 어찌 밀리는지 저녁이 되어서야 점심을 먹을 수 있었어.

공중보건의로 근무 중인 엄마 손자는 "이렇게 배고픈 추석은 처음이다."라며 너스레를 떨고……. 이젠 아빠 대신 녀석이 운전하는 차를 타게 돼. 허긴 엄마 아들 결혼할 때만큼의 나이가 되었으니…….

언젠가 추석에 갔던 홍대 앞의 패밀리레스토랑을 가자는 의견과 피자헛을 가자는 의견 중 젊은 층의 의견을 받아들여 월드컵경기장의 피자헛을 갔는데 안 하더라구. CGV에서 티켓을 끊고 2층의 국수집에서 저녁을 먹고 우린 모두 영화를 봤어. 주윤발의『영웅본색』을 각색한 한국영화였는데 그리 재미는 없었어. 총 쏘는 장면 많아 엄만 싫어했겠다.

어느새 고1이 되었고 키도 훌쩍 커버린 엄마 막내손자는 "큰아빠가 보여주신 건데 그 앞에서 영화를 나쁘게 평하기도 그렇고……." 라는 걸 보고 어린 녀석의 속이 참 깊구나 생각했어. 작품성 있는 영화를 많이 보는 그들 식구로선 당연한 평이지만 영화의 재밌고 없음을 떠나 오랜만에 가족이 함께한 영화를 보는 시간이 좋았어.

추석 전날은 기상 관측 이래 가장 많은 비를 쏟아대는 하늘을 보며 우리 모두 성묘를 할 수 있을까 걱정했지만 언제 그랬냐는 듯 추석날 아침 하늘은 활짝 개었어. 참 세월 빠르지? 올해도 이제 거의 다 갔으니 말야. 항상 하는 약속이지만 편지 자주 쓸게.

2010. 9. 23. 추석 다음날, 보름달을 바라보며…….

55×46(cm) oil on canvas

마음에 쓰는 편지 29

나의 살던 고향은……

며칠 전에는, 꿈속에서만 찾아가곤 했던 내 유년시절의 추억이 서린 그곳에 갔었어. 내가 다니던 초등학교랑, 언젠가 살았던 학교

담벼락과 붙은 집을 보았어. 꼬부랑 할머니가 뒷마당에 꽃이랑 돌나물 등의 야채를 많이 심었던 기억은 지금도 생생해.

40년 가까이 한 번 가보지도 못하던 곳, 참 많이 변해 있더군. 초등학교 4학년 때였던가? 사진을 찍었던 운동장의 놀이기구는 어디로 갔는지 안 보였고 내가 배우던 6학년 8반 교실은 그때 그대로 맨 꼭대기 층에 자리하고 있었어.

초등학교…… 그 때는 국민학교라 했었지. 그 시절의 장소들은 찾을 수가 없었고 기억도 아스라이 멀어진 듯해 너무 안타까웠어. 가까운 곳에 두고서도 쉽게 찾아가질 못한 것이 참 아쉽더라. 그때 내가 꿈꾸던 것은 무엇이었을까? 두 눈으로 바라보던 세상이 너무 아름다워 정말 살아볼 만한 세상이라고 생각했던 시절…….

아버지는 우리를 위해 앞마당에 그네를 매어주셨지. 담도 없고 대문도 없이 측백나무로 담을 대신 했던 우리 집 마당 끝에는 개나리꽃이 흐드러지게 피어 있었지. 봉숭아 꽃잎을 따서 열 손가락 빨갛게 물들이던 동심. 지금은 모두 어디로 갔을까?

나의 살던 제2의 고향 수색을 난 아직도 그리워하고 있는 것 같아. 수구초심의 마음으로 그곳에서 가까운 마포 한 구석을 아직도 난 지키고 있는 건지도 몰라. 그때로 돌아가서 엄마 아부지랑 언니들이랑 오빠랑 동생이랑 그렇게 사는 꿈을 아직도 가끔 꾸곤 해, 엄마.

2011. 4. 7.

내가 아버지께 효도하면 자식이 또한 나에게 효도한다.
내가 어버이께 효도하지 않는데, 자식이 어찌 나에게 효도하겠는가?
– 강태공

엄마의 손부와 함께한 성묘

엄마!

이번 성묘에는 엄마가 그토록 자랑스러워하던 엄마 손자가, 엄마가 봤으면 참 좋아했을 아이를 아내로 맞고 처음 엄마, 아버지께 인사를 드리게 되어 더욱 기뻤어. 아빠와 같은 길을 걷는 녀석은 같은 과 전공의 아내를 선택했어. 자기가 다닌 대학의 교수회관에서 오후에 한 결혼식에서 친구가 축가를 부르고 녀석이 피아노를 치며 아내에게 선사한 음악은 어찌나 멋지던지 동영상으로 찍어 엄마가 하듯 나도 자랑을 하고 다니지.

내년 봄까지 공중보건의로 근무 중이라 당분간은 주말 부부로 지내는 것이 아쉽긴 하지만 1년도 남지 않은 시간, 금방 지나가겠지?

결혼식에서 오랜만에 친척들을 만났는데 한 세대가 지나가고 또 다른 세대가 세상의 중심이 돼 가고 있는 걸 느꼈어. 오빠의 친구들도 이제는 노년을 향해 가고 있고…….

옛 모습은 어렴풋이 남아 있는데 참 많이 나이 든 모습들.

어차피 그런 것이 세대교체가 아닐까 싶더라.

비와 바람이 심하게 불던 날들이 지나고 오늘 날씨는 얼마나 따뜻하고 좋았는지……. 공원묘지 앞에는 건물들이 들어서 있고 10년 전이랑 정말 많이 바뀐 모습을 뒤로 하고 돌아오는 길에는 헤이리의 커피샵에서 이런저런 얘기들을 나누었어,

엄마! 추석 때 또 만나.

2012. 4. 8.

어머니가 아버지보다 자식에 대해 더 깊은 애정을 갖는 이유는
어머니는 자식을 낳을 때의 고통을 겪었기 때문에
자식이란 절대로 자기 것이라는 마음이 아버지보다 강하기 때문이다.
– 아리스토텔레스

53×45.5(cm) oil on canvas

엄마의 수첩

엄마의 유품들을 정리하며
엄마의 글이 적힌
여러 권의 수첩을 보았습니다.
깨알같이 써놓은 일기, 편지, 수필……
엄마는 가고 정리되지 않은
엄마의 글만 남았습니다.
미처 헤아리지 못한 어머니 마음을
늦게나마 [엄마의 수첩]이란 제목으로
엮어 봅니다.

65.2×45.5(cm) watercolor on arches

어머님의 손

우리 어머님은 참 솜씨도 좋으셨고 가장 한국적이고 남들이 모두 요조숙녀라고 치사하시던 분이셨다. 생각해보면 내가 초등학교 2학년 때 무슨 자모회인가 할 때, 그 시절 일본 아이들은 원피스 같은 것을 많이 입었지만 우리 한국 아이들은 모두 치마저고리를 만들어서 입을 때인데 우리 어머니는 보드라운 옥색 옷감으로 원피스를 해 입혀 주셔서 나는 학교에서 대인기였었다. 그날 저녁부터 반 친구 엄마들이 옷감을 가져와서 자기네 딸들 원피스를 해 달라고 해서 밤 새워 가면서 재봉틀 돌리시던 손이 지금도 눈에 선하다.

아들을 내리 낳아 오빠들 다음에 만난 첫딸이라고 우리 어머니는 나를 다른 집 딸들보다 앞서서 항상 무엇인가를 만들어주시곤 했다. 학예회 때는 연극이든 유희든 꼭 뽑히니까 옷을 두 벌, 세 벌 손수 지어 가지고 보자기에 싸들고 학교에 가기도 했다.

우리 어머님의 손으로 만드는 음식은 또 항상 기가 막히게 맛이 있었다. 그런데 나는 어머니 솜씨를 못 따라 가는 건 왜일까? 세상 사람들은 남의 부모가 돌아가셨다면 그저 "좀 더 사셔도 됐을 것을……." 하고 말지만 내 부모님은 100년, 아니 내 평생 사실 줄 알고 산다. 어머니가 갑작스럽게 가시고 나니 내가 무슨 죄인 같아 바깥나들이도 남부끄러워 한참을 못했었다. 그렇게 내 곁을 떠나 버린 어머니는 그 후로 줄곧 다른 친구들이 엄마 만난다는 이야기를 할 때마다 내게 슬픔으로 다가왔다. 부럽기도 하고 엄마라는 이야기에도 가슴이 저려오고 눈시울이 적셔지기 때문이었다.

나는 어머니의 사랑이 깃든 손으로 직접 만든 옷이랑 물건들을 마음껏 받고 자랐지만 내 아이들에겐 그렇게 해줄 수가 없었다. 전후의 세월도 살기 힘든 시기였지만 일곱이나 되는 아이들 모두 골

73×54(cm) oil on canvas

고루 가르치려니 나는 약속하지 않는 엄마였었다.

"엄마, 돈 생기면 뭘 사 주세요."라고 아이들마다 이야기 했지만 공무원 가족으로서 6 · 25 전쟁 이후의 폐허에서 먹이고 학비 내는 것도 힘겨워 아예 약속을 하지 않아 버리려고 했던 것이다. 자기 자식 낳아봐야 비로소 부모의 마음을 안다고는 하지만 아이들을 키우면서 해 달라는 것을 다 못해 줄 때면 나를 위해 무엇이든 만들어 주시던 따뜻했던 어머니의 그 손이 더욱 그리워진다.

나의 엄마, 아직도 내 가슴 속 깊이 따뜻한 온도로 남아있는 어머니의 손……. 다음 세상에서나 만나 뵐까?

안동 양반 집 따님으로 항상 고상한 자태를 갖고 계시던 엄마, 아까운 그 솜씨 다 어떻게 되셨을까? 아! 그리운 어머님의 따뜻한 그 손.

– 2002년 가을, 마포신문 백일장에 엄마와 함께 참가했을 때,
엄마가 쓰신 글

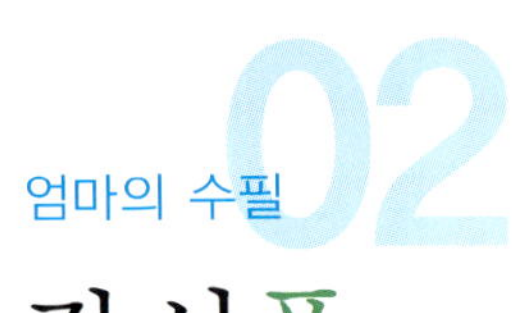

엄마의 수필 02

각시풀

봄이 되면 파릇파릇하게 나오는 각시풀만 보면
아득한 옛날이 떠오른다.
지금같이 인형이 없던 어릴 때는 5~6cm쯤 자란
연녹색의 보드라운 풀을 따서 인형을 만들며 놀았다.
어린 손에 한 움큼 따서 소금을 넣고 비비면 파란물이 나고
짙은 푸른색이 되어 조금은 질기고 보드라운 실같은 풀이 되면
한손으로 차례차례 정돈해서 굵은 실로 묶는다.
들에서 할 때는 실이 없어 저고리 시침한 실을 빼내 꼭꼭 묶어서
수수대에 끼워 거꾸로 또 꼭꼭 묶어가지고
머리 땋듯이 땋아 성냥개비로 비녀를 꽂으면 각시가 된다.
엄마 바느질 그릇에서 헝겊을 꺼내 옷도 만들어 입히고
귀신스럽다고 야단맞으면
신문지로 옷을 만들어 입혀서 종일 가지고 놀았다.
하루 종일 놀아 각시머리가 말라서 모양 없게 되면
놀이는 끝이 난다.
하지만 바깥에서만 놀 뿐 그 각시를 가지고
방에 들어가지는 못한다.
각시인형이 귀신으로 변한다고
어른들이 못 가지고 들어가게 하기 때문이다.
그러니 풀각시는 하루살이밖에 안 된다.
버릴 때도 밤에 귀신 되어 되돌아온다고 해서
대문에서 아주 멀찍이 갖다버려야 했다.
각시풀이 연녹색 띄우고 보드랍게 자랄 때면
즐거웠던 옛날이 생각난다.

엄마의 수필 03

부처님 오신 날

모두 20×20(cm)
watercolor on arches

오늘은 사월 초파일 부처님 오신 날이다. 아침은 딸아이가 어제 사온 초밥으로 때우고 절에 갈 채비를 한다.

어제부터 비가 온다.

어제 장호원까지 강의 다녀와서 피곤한 딸을 깨우지 않고 어떻게든 혼자 가려고 했는데 어느새 일어난 딸이 데려다준다고 해서 같이 길을 나섰다.

'내가 내년에도 등 켜러 가게 될는지…….'

부처님 오신 날이 되면 해마다 하는 생각이다.

법당에 가니 너무 늦게 가서 마루까지 신도들이 꽉 차 사람 사이로 겨우 부처님께 예배드리고 내려왔다. 영가등과 아이들 등을 달고 나니 마음이 흐뭇하다. 내가 또 오게 될까 생각하며 식당으로 내려가 선물과 떡 한 덩어리를 받아 가지고 왔다. 아는 보살님들은 한 분도 못 만났다. 비가 안 왔으면 마당에도 사람이 많았을 텐데 석탄절 가까이 비가 오면 연등이 젖어서 싫다. 일년내내 오늘처럼 연등 켜진 거리를 걸을 수 있다면 얼마나 좋을까?

오래된 친구들

1

지난달에는 오랜만에 어릴 적 친구 옥주와 옥선이를 만나 망원동 봉희네 집에 모여 봉희네 집 앞에 있는 '영풍가든'에 가서 점심을 잘 먹었다. 친구가 지난번에 냈으니 이번에는 내가 살 차례다.

지난번 갈 때는 전철을 타고 가서 큰 고생 안 했는데 올 때는 걸어서 오느라고 죽을 것만 같았다. 차 안 타고 걸어갔다 왔다고 자랑스럽게 막내딸에게 얘기했더니 "엄마 친구가 걷는다고 엄마도 걸어? 그 친구는 엄마랑 다르잖어?"라고 야단을 했다. 잔병치레가 많은 엄마가 고생했을까 봐 걱정스러워서 하는 말이었다.

이번에도 또 그런 일이 있을까 봐 내일 여행을 떠난다는 딸이 한의원에서 약도 찾아다주고 친구 집에도 데려다 주었다. 살 동안에는 자식들 고생시키지 말고 내 마음대로 움직여야 되는데…….

2

한 달에 한번 모이는 안동 동창 모임날이라 도시락을 싸 가지고 덕수궁에 갔다. 날씨가 더워 서둘러서 갔더니 망원동 친구 둘만 와 있었다. 세 사람이 한 시간 이상 기다려도 오는 사람이 없다. 장소를 잘못 알았나 생각하고 있는데 목동 은옥 자매가 오고 좀 있으니까 옥선이가 왔다. 옥주형제도 안 오고 행이도 안 온단다. 금조는 얼굴을 다쳐서 못 온단다.

점심 먹으려 하는데 응호 엄마가 왔다. 20일 안동시민 모임에 나오라고 전하러 왔다. 이런저런 이야기를 하다가 4시에 일어섰다.

15×30(cm)
watercolor on arches

3

오늘 친구들과 만나기로 해서 딸아이가 종로 2가 한빛은행 앞에 데려다주어 11시에 가니 금조만 안 오고 옥주, 옥순 자매와 봉희가 기다리고 있었다. 금조가 안 와서 12시 다 되어 '시골집'에 갔었다. 밖은 추워도 국은 전에 아이들 아버지 덕에 자주 사먹던 선짓국 그대로였다. 금조는 인사동에서 기다렸다며 2시 가까이 되어서야 왔다. 친구들을 만나는 일은 이 나이가 되어서도 언제나 즐겁다.

모임을 끝내고 집에 돌아오니 천둥번개와 함께 비가 쏟아졌다. 하지만 나는 죄를 안 짓고 살았으니 하나도 무섭지 않다. 다만 우리 아이들 차 몰고 다니는데……, 손자 녀석 수련회에서 아직 안 왔을 텐데……, 생각하니 이 비가 얼른 그쳐주기만을 바란다.

4

오늘도 온 세계가 야단이다. 미국 우정의 종각을 많이 비추어 주었다. 1993년, 미국에 처음 갔을 때 가본 곳이어서 눈에 익어 TV를 뚫어져라 바라보았다. 거기서 사진 찍고 한인회관 가서 방명록에 서명도 했었는데 함께 갔던 아이들 아버지도, 여동생 무근네도 이제는 영원한 나라로 갔다.

'올해는 내 차례겠지.'

부처님의 가피력으로 이날까지 오래도 살았다. 자식들 수고시키지 말고 고생시키지 말고 쉽게 가는 것이 우리 늙은이들 소원이다.

친구들도 모두 한결같이 오래 시들지 말기를 소원한다.

엄마의 수필 05

병원

1

따뜻한 날씨가 요즘 계속되어 지내기가 편하다.

오늘 아침부터 눈이 뻑뻑해서 눈을 살펴보니 왼쪽 눈동자 위에 녹두알만한 무엇이 있었다. 또 왜 이런 일이 있나 싶어 홍대 앞에 있는 안과를 찾았다.

가는 길에는 넷째 딸이 태워 주었는데 한 블록 앞에서 내려 지하도를 건너 3층까지 올라가니 숨이 턱에 차올랐다. 병원에는 환자가 한 20명 있었는데 3시가 다 되어서야 내 차례가 되어 선생님이 보시고 언제부터 이러냐고 물어서 오늘 아침에 처음 봤다고 했다.

오른쪽 눈에는 눈썹이 들어 있었는데 백내장 수술 후에 더러 있는 현상이라고 수술한 병원에 가보라고 했다. 한 건물에 있는 피부과에 가서 연고와 먹는 약을 타고……. 참 돈이 나가려니까 별 일이 다 있다.

내과, 안과, 피부과, 순천향대학병원, 모래내 북경한의원……. 병원에 들어가는 돈도 끝이 없다. 그러나 어느 한 가지도 소홀히 할 수는 없다. 살아있는 동안은 아프지 말고 잘 지내야 아이들에게 폐가 되지 않으리란 생각에서 아프면 망설이지 않고 나는 병원을 찾는다.

2

순천향대학병원 가는 날이다.

어제 피곤함을 무릅쓰고 억지로 목욕하고 머리 감아서 냄새는 안 날 것 같다. 큰아들 친구에게 진료 받으니까 더욱 깨끗한 모습을 보여야겠다는 생각을 늘 한다.

116.8×80.3(cm) watercolor on arches

이제는 목욕도 자주 못하겠다. 전에는 목욕 후면 꼭 물이 아까워서 그 물로 청소하는데 어제는 너무 기운 없어 못했다.

넷째가 태우러 와서 갔더니 별 이상 없다 한다. 건강해서 오래 살 생각보다 사는 날까지 자식들에게 짐이 되지 않게 이 이상 더 나이 먹지 말았으면 하는 생각이다.

여든이나 살았으면 너무 오래 산 거 아닌가 싶은 생각이 자주 든다. 더 오래 사는 것은 정말 싫다. 80년 이상 살게 되리라고는 꿈도 못 꾸었는데…….

나는 이렇게 추운 계절에 가기 싫다. 추운 날 산소 찾느라 아이들 해마다 고생하지 않게 꽃 피고 따뜻한 계절에 가고 싶다.

언젠가 동네 박내과에 가는데 바람이 솔솔 불고 쓸쓸한데 혼자 걸어가며 '언젠가는 내 영혼이 이렇게 쓸쓸히 가겠지.' 생각되었다. 언젠가는 갈 것인데 더 이상 나쁘지 말고 이 정도라도 견뎠으면…….

엄마의 수필 06

아이들

1

어젯밤 잠을 못 자 오늘 외가 제사에 갈 수 있겠냐고 딸이 말했지만 동생 얼굴도 보고, 제사에 오는 아이들도 만나고 싶어 무리해서라도 가기로 결정했다. 4시가 넘어서야 막내딸이 와 개포동 치과까지 차를 타고 갔는데 배가 몹시 고프다고 해서 유부초밥과 포도 주스를 샀더니 엄마는 무슨 말을 못 하겠다고 투정한다. 하지만 약한 몸에 배가 너무 고파하니 안절부절되었다. 나도 배가 고파 두 개만 먹고 큰아들 차를 타고 이제는 하나 남은 동생이 사는 분당으로 갔다.

동생네 가기 전, 아이들 시험이라고 어린이날 선물로 사간 선물들 나누어주고 얼굴이나 보려고 아들네 집에 잠깐 올라갔다. 큰 손자는 위병이 나서 많이 홀쭉해 있고 반가운 것은 손녀가 영어, 도덕을 두세 문제 틀려서 90점이 넘는 점수를 받아와서 아는 사람마다에게 자랑하고 싶은 마음이었다.

나의 보배들! 내 아이들! 너무 귀엽다.

오랜만에 동생을 보니 옛날과 너무 달라서 눈물이 났다. 큰 수술한 지 겨우 1년이 지났는데 오래 비워둔 치과병원을 더 이상 비워둘 수 없어 진료한다고 나가고 동생 댁은 친구들과 제주도 여행을 간다고 전화하는 것 같았다. 동생이 나보다 더 오래 살아 나를 묻어주어야 될 텐데…….

2

아이들 온다더니 큰아들네 식구가 제일 먼저 왔다. 내일이 어머니날이라고 하루 먼저 꽃을 달아주고 용돈도 주었다. 작은 아들네 식구도 꽃바구니를 만들어 오고 용돈도 주었다. 셋째 딸은 실로 몇 해만에 하루 저녁 잤는데 감기가 몹시 심했었다. 내 앞에는 아프지도 슬프지도 말라고 했건만……. 자고 가던 날 용돈을 주고 갔다.

아이들 주는 돈 어떤 돈인데 병원비로 다 나가는 것이 아깝다.

큰아들이 점심을 산다고 하여 모두 홍대 앞에 있는 고기집인 '동막집' 에 가서 고기를 잘 먹었다. 아니 잘 먹었다는 것보다 아이들 얼굴 보고 한참 함께 있었다는 것이 즐거웠다. 보너스 탄 기분이었다.

고기집을 가득 채운 사람들……. 외식하는 사람들이 그렇게 많은 걸 보고 우리는 모두 놀랐다.

아이들을 보면 시간 가는 줄 모른다. 저녁이나 먹고 갔으면 좋았을 텐데 볼 일 있다고 모두 일찍 떠났다.

3

큰아들이 뮤지컬 『명성황후』를 보라고 하기에 딸들과 함께 가서 봤는데 사람이 참 많았다. 나는 연극이나 뮤지컬은 비싸다고 아예 생각도 하지 않았었는데 아들 내외가 감동스럽다고 보라고 해서 보게 되었다.

내가 살아온 시대의 이야기이고 그 못된 일본이 지배하던 세월이라 나는 너무 감동했다.

그렇게 국력이 약하고 사대주의에 물들어 나라를 생각하지 못해 국모가 시해되어도 꼼짝 못하고 당하고만 있었던 그 시대의 사람들이 원망스러웠다. 20년대에 태어나 일제시대에 교육을 받아 잘 알고 있는 이야기이지만 직접 보니 TV 드라마에서 보는 것 이상으로 실감나고 감동스러웠다.

황후가 시해당한 장면에서는 눈물이 났다. 책을 좋아하여 역사소설을 많이 읽고 부모님께도 들어온 얘기지만 연기력이 훌륭해서 더 감동받았다. 관람시켜준 아이들에게 고마운 마음이다.

4

설날이다.

늦게 잠이 들었는데 거실에서 큰아들과 작은 아들네 아이들의 떠드는 소리에 '아~ 이것이 행복이구나…….' 하고 혼자 미소지었다. 차례 모시고 세배 받고 TV 보고 셋째 딸네 식구가 온다고 하여 또 기다렸다.

저녁 먹고 늦게 떠나는데 눈이 온다.

오는 길에 셋째 딸네 들러 김치 싸 주는 것을 가지고 오는데 길이 별로 안 막혀서 집에 도착하니 11시도 안 되었다.

큰며느리가 먹을 것을 많이 싸 주어서 냉장고가 가득해졌다.

5

막내딸이 일찍 나가고 오늘은 모래내 한의원에서 큰아들네 식구를 만나기로 해서 2시가 지나고 집을 나섰는데 마을버스가 안 와서 10분 이상 기다렸다. 치료 받고도 시간이 많이 남아 월간 여성지를 심심풀이로 몇 장 보는데 여전히 저속한 내용이 많아 금방 덮어버렸다.

오늘 한의원에는 환자가 많았다. 6시 조금 못 되어 큰손자가 왔는데 그새 더 어른스러워졌다. 손녀도 예쁜 모습으로 들어왔다. 한의원 안이 환해지는 것 같았다. 네 식구가 모두 감기에 걸리고 무슨 탈이 난 것 같아 속이 많이 상했다. 늙은 나나 아파야지 모든 식구, 자식들 나쁜 것 나 혼자 맡아가지고 가고 싶다.

막내 손자 재원이 약까지 지어주었다. 큰애비 큰애미가 재원이에게 참 애정이 많아 너무 흐뭇하다. 오는 길에 홍대 앞에 가서 저녁 잘 먹고 집에까지 태워주고 커피 한 잔 하고 돌아서는 큰아들의 피로한 기색이 애처롭다.

집이 머니까 무슨 일이라도 있어야 아이들 얼굴을 보게 된다.

내 귀여운 아이들을 항상 그리워하면서 차 떠나고 나면 현관 들어설 때가 항상 섭섭하다.

부모는 아이들에게 자신의 희망을 억지로 떠맡겨서는 안 된다.
그것이 바로 실패의 원인이기 때문이다. - 로렌스 굴드

53×53(cm) watercolor on arches

그를 먼저 보내고 1년……

세월 참 빠르다. 7남매 아이들과 꼭 완쾌하기를 기원했는데 그 사람 낙원공원묘지에 영원한 거처 마련한 지 벌써 1년이다. 나를 먼저 묻어주고 가겠다던 사람이 이렇게 영원히 존재하지 않는다는 것이 1년이 지나도 이해가 안 된다. 그렇게 훌훌 예고도 없이 떠나가다니…….

사람이 숨이 멎으면 어떻게 될까?

그가 떠나기 며칠 전 꿈에 어디를 간다기에 꿈속에서 다리 힘 붙으면 가야지 어떻게 가느냐고 일반 입원실에 가서 안정 좀 하고 가라니까 팔공산 갓바위에 가야 된다고 했다. 그래도 나는 '저러다가 완쾌되겠지.' 했더니 떠나기 전날 잠깐 잠이 들었는데 외출복 입고 내 앞에 드러누워 무슨 서류가 들어있는 비닐봉지를 내놓았다가 또 내가 "무리하지 마세요." 하니까 "약을 잘못 써서……." 하면서 쳐다보지도 않기에 내가 또 "빨리 용기 내어 완쾌돼서 퇴원해야지요." 하니까 대답도 없이 꿈에서 깨어났다.

이렇게, 가는 길은 허무했었다.

나는 그래도 일어날 줄 알았지, 그렇게 떠나갈 줄이야…….

20대에 가는 사람도 있고 자식들이 아버지 얼굴도 모르는 사람도 많아 77세라는 나이는 짧지는 않지만 요즘 같은 세상에선 그리 긴 것도 아니다. 지금 70세 사람들의 평생이라는 것은 전쟁도 많이 겪었고 해방도 겪었고 6 ? 25도 겪었다. 그래도 회갑 지나도록 나라에서 월급 주는 직장이 있었고 7남매 모두 대학까지 시켰고 저희들 힘으로지만 박사도 하고 석사도 하고 외견상으로는 보통 인생은 되었다.

그 사람은 갔건만 여전히 해는 뜨고 지고 강물도 제 길 따라 흐른다. 세상이 그 시간부터 정지되지는 않았다. 그러니 사람 하나 땅 위에서 없어진다고 무엇 하나 달라지는 것은 없다. 다만 한 가지 그 사람이 50여 년 동안 내 곁에서 때로는 소중하게 또 때로는 귀찮게 하더니 이렇게 훌쩍 떠날 줄은 꿈에도 상상하지 못했던 것이 현실로 된 것뿐이다.

내가 잘 아프니 언제나 나를 꼭꼭 묻어주고 자기는 다음에 가겠다고 해서 내가 먼저 가면 성질 좀 부드럽게 살라고 충고했지만 자기가 소문 없이 후딱 떠나버렸으니…….

그래도 가는 길은 두 달 일주일 고생해도 7남매가 완쾌되기를 얼마나 기원했던가. 본인도 얼마나 아팠을까? 나는 그래도 살아나기를 축원했다. 그리워하던 큰아들 귀국 날짜 얼마 안 남았으니……. 얼마나 기다렸던 아이들이었는데…….

54년을 한 가정을 이루어 7남매 키워 손자손녀들 보고 즐거워도 하고 싸우기도 하면서 살았었는데…….

마찰도 많았었지. 말년에는 그래도 별 마찰 없이 의지하며 살았었던 기억이다. 평생 아픈 나에게 속 뒤집는 일도 많았지만 참 잘도 해주던 사람이었는데…….

우리 동창 친목계에서 3년 돈을 모아 제주도 관광 갔을 때 영감도 안 가봤는데 어떻게 비행기 타고 갈 수가 있냐며 몇 달을 두고 삐지더니 자기도 제주도 갔다 와서야 그 말을 안 한 것과 자기 누님하고 울릉도 두 번이나 가는 걸로 복수 아닌 복수를 한 것도 기억난다.

외동아들로 자라 아이들 같은 마음을 가질 때가 많았던 사람, 남에게 해 끼치기보다는 어려운 사람들을 돕기 좋아했던 그 사람과 헤어진 지 1년이 지난 지금 참 많이도 보고 싶다.

100×65.2(cm) watercolor on arches

미국에 있는 손자 손녀에게 쓴 편지

아빠 공부 때문에 네 식구가
미국 보스턴에 가 있느라고
할머니와 몇 해 떨어져 지냈는데
그 동안 엄마가 손자 손녀에게 쓴 편지글입니다.
이제는 일가를 이루고 사는 손자와
대학을 졸업하여 숙녀가 된 손녀가 어릴 적에
할머니에게서 받은 편지이지요.

수연아.

재미 좋으니? 이제 그곳 생활에 조금은 익숙해졌겠지?

먼 나라지만 엄마, 아빠, 오빠 그리고 수연이. 너희 네 식구 몽땅 가서 생활하니 조금 지나면 괜찮을 거야. 영어 몇 마디씩 배우고 있니? '소양강 처녀' 노래 나오면 수연이 생각난다.

저번 편지에 한강 고수부지 자연학습장 옆에 수영장이 생겨서 얼마나 많은 사람들이 바글바글한지 썼었지? 수연이도 여기 있었으면 수영하러 갔겠지?

두부 사 먹으면 늘 수연이 말한단다. 우리 수연이 두부 참 잘 먹는데 거기서는 우리나라같이 잘 못 살 거라고……. 그래도 엄마가 어떡하든지 우리 수연이 잘 먹는 것 사서 해줄 거야, 그치? 많이 먹고 많이 웃고 좋은 것 많이 배워서 더 예쁜 수연이가 되어라.

우리 수연이 인형 가지고 혼자 이야기 하면서 잘 놀았지. 집에 있을 때 할머니가 방에서 아파 누워 있을 때도 우리 수연이 깔깔거리는 웃음소리 들으면 어찌 그리 재미있고 즐겁던지 아픈 것도 잊어버리고 할머니도 수연이따라 웃음짓곤 했었지.

1993. 6.

재현아, 그 동안 잘 있었니?

지금이 몇 신 줄 아니? 새벽 한시 반이다.

모두 잠들었을 시간에 잠이 안 와서 재현이하고 말하고 싶어 이렇게 글을 쓴다. 아직 학교는 방학이라지? 학교 갈 일, 어떤 선생님과 어떤 친구들일까 호기심과 조금은 불안감도 있겠지. 하지만 사람 사는 것은 다 마찬가지일 거야. 너는 착하고 똑똑하니까 곧 적응이 될 거야. 곁에서 못 보는 것이 섭섭하구나. 영어 썩 잘 못해도 기죽지 말고 용기 내어 부딪혀 나가거라. 미국사람들은 우리말 못하잖니? 괜찮으니까 씩씩하게 나가.

우리나라는 요즘 비행기 사고로 사람들이 많이 다치고 난리가 났다. 할머니는 TV 보면서 또 눈물 많이 흘렸단다. 장마도 지고 복잡해. 뉴스 보니 그쪽도 많이 더운 모양이던데 너의 집은 견딜 만하니?

네 아빠 6촌 형수인 재범이 엄마 와서 그러는데 굉장히 덥더란다. 재범이 외가 있는 지방과 너희 있는 보스턴이 거리가 얼마 안 된다니까 그곳도 덥겠지. 워낙 땅덩어리가 넓으니까 어떤 지방은 홍수가 나서 비행장에 물이 차서 비행기 바퀴가 다 물에 잠겨 있더라. 이럴 때일수록 건강에 조심 많이 하여라. 1993. 7. 30.

재현아 수연아, 전에는 시간 많아서 일기 모양 너희들 생각나면 글을 써 보았는데 요즘은 시간이 없어 통 편지 쓸 사이가 없구나.

오늘은 9월 4일 토요일, 재현 수연 입학했겠구나? 세월이 이렇게 빠르다. 6월 9일에 너희들 떠나고 어느덧 3개월이 지났구나. 재현이 엄마 편지도 받아봤고 재현이 편지도 왔는데 이수연은 편지 안 왔더라.

"편지 꼭 할게요." "많이 쓸게요." 하더니 노는 재미에 편지 쓸 틈이 없었나 부지? 편지도 가끔 써야 우리말 우리글 안 잊을 텐데…….

벌써 잠자리채 들고 잠자리 잡는 아이들 참 많다. 우리 재현이도 있었으면 저러지 생각한다. 그곳에서도 잠자리 잡으러 다니니? 좁은 아파트 마당에서 머슴애들이 얼굴이 빨갛게 달아올라 가지고 축구놀이 하고 있다. 재현이 있었으면 중요 멤버였을 테지? 참 많이 보고 싶구나.

한강 고수부지 자연학습장의 꽃들이 어느새 보기 싫게 변하고 있더라. 눈 오고 바람 불면 형편없어지겠지? 그 옆의 수영장도 이제 스케이트장으로 변할 것이고…….

세월 빠르다. 아이들 어른들 옷이 점점 두꺼운 옷으로 바뀌어가고 있다. 1993. 9. 4.

24.2×33.3(cm) oil on canvas

재현아, 수연아……. 어느덧 1994년 2월이 되었구나. 그새 많이 키가 컸다지? 이다음에 할머니가 너희들 고개 한참 뒤로 제끼고(젖히고) 쳐다보겠네? 더운 여름 지나고 가을도 가고 겨울도 막바지고 금방 꽃피는 봄이 되겠지.

이제 친구도 많이 사귀고 영어도 제법 잘한다지? 아무 말이나 자꾸 하다 보면 더 잘하게 될 거야.

옛날 일본 정치 아래 자란 우리들도 우리말 마음대로 못하고 말할 때 일본말 많이 하니까 유창해져서 일본 아이들과도 잘 놀았단다. 더구나 너희들은 그때보다 형편이 다르다. 떳떳한 우리 대한민국이 여기 있는 채 그 나라에 유학 갔으니 얼마나 당당하냐? 좋은 것 많이 배우고 씩씩하게 잘 크기 바란다.

고모들은 매일 바쁘다면서 일찍 나가고 늦게 들어온단다.

고모들이 전화 자주 하지? *미국 고모도 전화 자주 오니?

할머니가 재현, 수연 옷 사 놓고 스웨터(우선 수연이 것) 벌써 해 놓았는데 고모들이 아직 안 보내 줘서 겨울 다가고 입겠다.

내가 재촉하면 신경질 내니 눈치만 보고 있단다.

아쉬운 것 많지? 할머니 몸 좋지 않을 때는 모래네 북경한의원 가면 원장님이 "아드님 오실 때까지 잘 돌봐 드린다."면서 약을 공짜로 몇 재나 해주어서 어찌나 고맙던지…….

그쪽에 눈이 많이 왔다는 소식 들었다. 너무 추워서 학교도 관공서도 모두 문 닫았다 하더라. 눈이 너무 많이 와서 전기도 가스도 안 돼서 시민들이 추위에 떨고 있다더라만 너희들 사는 곳도 그러냐?

할머니와 사촌지간이면서도 친동기간처럼 지내는 LA 할아버지께서 전화를 하셨는데 그쪽은 괜찮다고 하더라. 세상이 넓으니 별별 일이 하루에도 다 일어나는구나.

1994. 2.

---

*미국 고모 : 미국 대학 교수를 지낸 엄마의 둘째딸. 필자의 둘째 언니.

53×41(cm) watercolor on arches

사랑하는 나의 손주 재현, 수연에게.

너희들과 같은 하늘 아래에서 살고 있다는 것이 이렇게 행복할 수 없다. 하루하루 커가는 너희들을 볼 때 장하고 대견하구나. 70년 이상을 살다보니 뒤돌아보면 모든 것이 어제 일만 같은데 참 긴 세월을 살았구나 싶다.

옛날 어른들이 스물다섯 살이 지나면 세월이 화살 같다고 하더니 할머니가 그 세월 지나고 보니 그 말씀들이 다 맞는 말이라 생각된다. 우리시대 사람들은 전쟁도 여러 번 겪고 물자 귀한 시절에 살아서 한 사람 한 사람의 삶이 모두 소설 같단다.

그런 때를 어떤 예비지식도 없이 대책도 없이 만나고 보내고 덧없이 나이만 먹고 늙어버렸구나. 그저 법 안 어기고 남에게 피해 주지 않고 내 가정 지키고, 내 자식들 잘 지키고 그렇게만 사는 것이 인간의 도리라고 생각했기에 과거를 회상해서 혼자라도 얼굴 붉히지 않고 살아왔다.

내가 남자가 아니라서 남자의 평생은 모르지만 여자로 태어났기 때문에 겪어야 할 일들을 태어난 시간부터 이제까지 겪어왔구나. 돌이켜보면 21세에 결혼하기까지 변씨네 딸로 살 때가 제일 무난하고 행복한 시절이었던 것 같다.

부모님 말씀 잘 듣고 학교 공부만 하고 그저 얌전히 살면 되었으니 말이다. 부모님과 학교 선생님들로부터 귀염 받고 지냈으니 말썽 부릴 일도 없었단다. 요즘 세상은 아이들에게도 어른들에게도 힘 드는 세상이 돼 버렸구나. 점점 사람들 스스로를 못 믿게 되고 사람 손으로 만든 문명의 이기가 사람을 해치니 나는 항상 지금부터 한 30년 전쯤 같았으면 얼마나 좋겠는가 싶을 때가 많다.

그때는 공기도 물도 깨끗했고 사람들도 서로 도와주고 물자는 귀해도 서로끼리 정이라는 것이 있어서 지금처럼 맘만 먹으면 좋은 것 가질 수 있는 때보담 나았던 것 같다.

사람이 사람을 의심하고 말을 못 믿고 매스컴에서는 어떤 면으로는 '나빠져라 나빠져라' 하고 부추기는 것만 같구나. 모범이 돼야 할 높은 사람들도 죄 짓고 윗저고리 머리에 쓰고 얼굴 숨기고 TV에 비칠 짓을 왜 하는지 잘한 짓 한 사람들 같이 당당하게 비추었으면 그 자식들이 얼마나 자랑스러울까?

비디오를 통해서 몇 달 만에 너희들 보니 예쁘고 자랑스러워 할머니는 가슴이 뿌듯하다. 지금까지처럼 부모 말 잘 듣고 학교에서도 모범되고 스스로 생각해서 부끄럽지 않게 기나긴 앞날을 걸어가는 거다. 사람은 누구나 자기 혼자 뉘우칠 줄 알고 혼자서 후회되지 않는 사람이 되어야 한다. 길 가다 이 길이 아니구나, 잘못된 길이구나 생각되면 얼른 바른 길을 찾아가야 돼.

나 혼자 너희들과 마음속으로 끝없이 얘기를 하는데 글로 옮기기가 쉽지 않구나. 1월에 쓰기 시작해서 벌써 4월도 중순이 지났건만 이만큼 밖에 못썼다.

1994. 4. 16.

수연아, 재현아.

오늘은 너희 아빠 고모뻘 되는 친척인 독산동 할머니 칠순잔치에 다녀왔는데 아들 3형제 훌륭하게 키워서 며느리들도 잘 보고 손자 손녀들도 예쁘게 잘 커 가더라. 손님도 많았고 차림은 호화로워도 글쎄 할머니 생각은 너무 낭비하는 것 같고 허례허식 같았지만 자식들이 엄마 늘그막에 효도한다고 하니 보기는 좋더라.

재범이 작은 아빠(너희 아빠의 6촌 형)가 홍은동 자기 집 가는 길에 데려다주어서 편하게 잘 왔다. 우리 앞 동에 재범 아빠 고모가 살고 있어 함께 왔다. 낮에 나가보면 벌써 개나리는 모두 지고 잎사귀가 파랗게 났더라. 야들야들한 새싹이 너무 고와 나는 예전부터 이 계절을 지날 때면 나뭇가지에서 눈을 떼지 못했었지.

벚꽃도 모두 지고 잔디밭에는 파란 새싹들과 쑥, 냉이, 클로버, 오랑캐꽃들이 서로 다투어가면서 먼저 햇볕 쪼이려고 시샘하는 것 같다. 나는 클로버 많이 몰려있는 데 가면 어릴 때처럼 네 잎 짜리를 찾아본다. 없었다. 재현이 어릴 때 데리고 다닐 때는 한 자리에서 네남은(네 개 넘다의 경상도 사투리) 개 넘게 땄었는데 내 마음의 행복은 그때 다 지나가고 없는지…….

요즘은 TV 보면 이 좋은 삼천리 금수강산 다 망쳐버리는 것 같아 너무 속상하다. 지금 자라나는 어린이들은 오염된 공기에 목이 아프도록 쏴~한 공기를 물려받을 것 같다. 돈 많은 사람들이 서로 다투어가면서 이 나라를 망치고 있다. 서로 누가 빨리 이 금수강산을 망칠까 경쟁하다시피……. 할머니는 정치 같은 것 잘 모르지만 이 좋은 나라 금수강산과 문화유적만은 후손들에게 돌려주어야 할 텐데…….

요즘도 봄꽃들이 다투어가면서 아름다움을 자랑하듯 피고 있는데 꽃망울 때부터 공해에 찌들려서 본 색깔의 아름다움을 못 드러내고 봉오리 때부터 때국물이 배어서 이상한 색깔이 되고 있다. 이러지 말아야 될 텐데, 옛 모습 그대로 너희들에게 물려주었어야 했는데…….

23.5×14.5(cm) oil on canvas

재현이 장학생이 되었다는 기쁜 소식 들었다. 오래 산 보람이 있어 이런 즐거운 일이 있구나. 네 노력의 결과이기도 하지만 가슴 뿌듯하고 흐뭇하구나.

역시 우리 재현 씨는 한다면 하는 사람이구나. 그렇다고 부담감 갖지 말고 평상시대로 너의 실력만 발휘하려무나.

우리 가정에서 오랜만이로구나. 미국고모는 의례히 초등학교 때부터 수재였는데 재현 씨가 그 다음을 잇는구나. 너의 아빠, 막내고모 어렸을 때부터 철도청 홍익회 장학금 탔었다. 할아버지 바쁘셔서 할머니가 우쭐한 기분으로 홍익회에 가서 타왔단다. 그때만 해도 나라 전체가 가난했기에 중 ? 고등학교도 제대로 못 보내는 사람도 많았는데 자식은 많은데 공부를 다 시킨다고 은근히 시샘하는 사람들도 주변엔 있었겠지. 그래도 숫자 많은 우리 집 아이들은 꼭 학교 붙어주었고 매 학기마다 누구든 장학금 타왔었단다.

자만심 갖지 말고 더 잘 하라는 채찍으로 알고 침착하고 너의 부모에게 자랑스러운 아들이 되어라. 마음에 부담이 오겠지만 네가 해오던 대로 편안한 마음으로 한 계단씩 쌓아 올라가면 돼. 역시 우리 재현 씨는 모든 가족들 사랑 받을만해. 너무 오래 살면 친구들 얘기가 자식들에게 죄스럽다던데 우리 재현 씨는 할머니를 너무 기쁘게 하는구나.

착하다, 우리 재현!

고맙다, 우리 재현이!

학교에서도 더 착하고 잘하라고 힘을 주시니 급하게 뛰지 말고 차근차근 옆 눈 보지 말고 교만하지 말고 덕을 쌓아서 친구들 잘 사귀고 덕망 높은 사람이 되어라.

1994. 4. 19. 맑음

이렇게 몇 자 쓰다가 몇 날 몇 달이 지나고 음력설도 지나고 목련꽃망울이 맺어 곧 활짝 필 것 같다.

그동안 재현, 수연 또 많이 컸겠네? 키는 더 커도 살은 많이 찌지 말았으면 좋겠다. 그동안 설도 쉬고(세고) 여러 가지 일이 있었다.

지도를 보면 끝에서 끝이지만 할머니는 늘 너희들과 마음으로 이야기 하고 산단다. 너희들 전화 오면 며칠은 마음이 즐겁고 기쁘고 무엇이라 말할 수 없이 들뜬 기분이다. 아는 사람 보면 너희들한테 전화 왔다고 자랑하고 콧노래도 흥얼거리고…….

할머니가 참 주책이지? 하지만 너희들 늙어보면 손자손녀가 있을 때 "아! 옛날 우리 할머니가 그러시더니 정말 그렇구나."하고 수긍이 갈 거야.

어떤 날은 너희들이 많이 보고 싶어.

정말 보고 싶다.

물론 너희들이 할머니에게 냉정하게 할 때도 있었지만 사랑은 내리사랑이란다. 너희들은 아직 어려서 몰라. 어쨌든 보고 싶다. 장난하는 것도 보고 싶고 화나서 눈 하얗게 흘기는 것도 또 깔깔대고 웃는 모습, 오늘 같은 이런 날은 더욱 보고 싶다. 시장에 가면 예쁜 것 고운 것 너무 많아 수연이 생각 하면서 머리띠, 리본 같은 것 눈요기 하는 것만도 할머니는 즐겁단다. 언젠가는 저런 것 수연이 머리에 꽂아주어야지 상상하면서…….

그런 날은 수연이 집에 있기라도 한 듯이 발걸음도 가볍게 집에 돌아와 보면 허전한 기분 알겠니? 이럴 줄 알았으면 수연이 사진도 커다랗게 한 장 만들어 놓을 것을……. 재현이 어릴 때 유원지에서 흙장난하면서 찍은 사진 내 머리맡에 붙여두고 그때 추억을 더듬는단다. 한 시간이고 두 시간이고 몸 아플 때는 나가지 못하니까 싫증내지도 않으면서 재현이 수연이 예쁜 모습으로 영어 하면서 외국 친구들과 장난하면서 공부하고 운동하는 모습, 보지는 않았지만 머릿속에 그리면서 살고 있단다.

1994. 4.

25.8×16(cm) watercolor on arches

재현 수연, 이 시간에 뭣을 하니? 지금 밤 12시 30분쯤 되었다. 너희들 생각나면 서투른 펜으로 한 자 한 자 쓰고 있단다.

아파트 담장에는 줄장미가 빨갛게 아름답고 예쁘게 피었고 올해도 또 봄은 없고 벌써 무더운 여름이다.

재현아, 나 오늘 길 건너면서 처음 이런 것 발견했단다.

건널목 흰줄 쳐있는 횡단보도를 전에는 무심하게 건넜는데 오늘 보니 흰줄을 자꾸 덧칠해서 아스팔트보담(보다) 몇 mm 더 높더라. 무엇이든 유심히 보니 깨닫게 되더라.

재현인 똑똑하니까 벌써부터 알고 있었겠지?

70이 넘어서야 알았으니 얼마나 무심한 삶이었던가, 내가.

한강 고수부지 자연학습장에는 올해도 온갖 꽃들이 서로 아름다움을 시샘하는 모양으로 만발이란다. 전에는 마포대교 밑에 철새들이 물속에 먹이 찾는 듯이 여러 마리가 물 위에 앉기도 하고 날기도 했는데 서강대교 놓는다고 시끄러워서 그런지 물이 더러워 그런지 새들 모습을 통 못 보겠구나. 모래네 치료 받으러 가느라 한 달에 한두 번은 그 다리 지나는데 새들 모습 찾아봐도 한 마리도 못 본단다. 겨울에 스케이트장이던 수영장은 요새는 롤러스케이트장인데 금세 또 수영장이 되겠지. 1994. 5.

신록은 끝나고 나뭇잎들이 성숙해져 간다. 장미도 한창 때는 지나고 잎사귀만 무성하다.

재현아, 언젠가 스키장에서 봤다던 할머니 친구 아들 MBC 앵커하던 이인용 아저씨 워싱턴에 전근 가 있단다. 기회가 되어 너희들이 한번 볼 수 있으면 좋겠구나.

할머니는 오늘 아스파라가스 화분을 하나 샀다. 얼마나 이파리가 무성한지 방안에 두니 조금은 눈을 시원하게 해준단다. 요즘 시국이 시끄러워 모두들 사재기를 하니 할머니는 마음이 심란하구나. 6 · 25 때는 피난 가서 몇 달만 견디면 됐었지만 지금은 과학이 발달되고 북쪽에서는 50년 동안 준비하고 덤비는 것이니 사정이 다르지만 우리나라는 더 잘 살고 더 많이 배운 사람들이니 앉아서 당하지만은 않겠지. 옳지 못한 짓하는 것들은 천벌을 받을 거야. 6 · 25 때도 평화스러운 나라를 하루아침에 짓밟고 들어와서 수많은 사람들을 잡아가고 죽여서 아직도 이산가족들이 많고 그들은 마음과 몸에 상처를 못 고치고 살고 있단다.

날씨가 많이 덥다. 작년에도 가을은 없고 겨울이 오더니 올해는 봄이 없고 여름이 되었구나. 요즘은 모래내도 자주 못 가지만 지나다니다 보면 여의도 서울방송국 옆 한강고수부지에 언젠가 얘기했던 자연학습장에 꽃들이 서로 아름다움을 시샘하듯 만발이고 어린이들이 관람하러 왔다갔다 하더라. 재현, 수연 있으면 가보았겠지.

겨울에는 스케이트장이던 그 옆 수영장은 봄, 가을에는 롤러스케이트장이더니 이제는 또 수영장이 되었더라. 뉴스에 보니 덕수초등학교 어린이들이 학교 주최로 한강을 헤엄쳐 횡단했다는데 낙오자도 얼마 안 됐다더라. 우리나라 사람들 마음먹으면 무엇이든지 해낸단다. 우리 재현이 미국에서 공부 잘한다는 그런 의욕도 한국 사람이니까 해낼 수 있지. 우리 재현이와 수연이 같은 아이들을 할머니는 아직 보지 못했다. 일요일 아침 KBS1 TV '대추나무 사랑 걸렸네' 라는 드라마에 나오는 소원이란 아기가 꼭 우리 수연이 서너 살 때와 같아서 할머니는 다른 일 하다가도 그 어린이 나오는 장면에서는 눈도 안 깜빡이며 본단다.

1994. 6.

20×20(cm) oil on canvas

어제 제사 모시고 오늘은 비가 쏟아졌었다. 눈은 많이 오면 함박눈이라고 하는데 비는 함박비라고 안하는 까닭은 뭘까? 비가 너무 와서 침수된 동네도 많다더라. 오후에는 비는 그쳐도 날은 잔뜩 찌푸려 밤중 같다.

*넷째고모는 너희들 곁에 있을 거고 *막내고모는 유럽 어느 거리를 구경하러 다니는지……. 집에 있을 때는 겨울이면 길 미끄러워 차 때문에 마음이 조마조마 했는데…….

심심해서 바깥을 내다보니 비 개인 사이 어느 틈에 네 외사촌 형 병국이 할머니가 밭에 계신다. 참 건강하시다. 네 친구 종민이 할머니하고 가물었을 때는 물을 주시고 비 오면 또 비가 오는 대로 밭에 계신다. 내려다보면 종민이 할머니 밭은 제일 보기가 좋아 90점 이상이다. 반듯반듯하게 정리가 잘되어서 보기가 좋고 병국이 할머니 밭은 그만 못하지만 올해는 밭 평수가 더 늘었는가 보다.

보라매에서 열리던 '내 고향 장터'도 이제 끝났나 보다. 가보니 요새는 어디 가도 다 있는 그런 것들이었다. 얼마 팔지도 못했을 거야. 할머니는 늙어도 싼 곳을 찾아다니는데 넷째고모가 가지고 간 너희 선물도 6월 17일 하루 동안 준비한 거야.

오전에는 경동시장에 가서 먹을 것을 사고 메리야스는 동대문시장에서 사고, 선물은 남대문시장에서 사가지고 넷째고모가 밤에 짐 꾸려서 18일에 떠난 것이란다. 할머니는 조금만 비싸도 안 산다. 이것도 너희들이 미국으로 떠난 1993년 6월 이후에 알아낸 물건 사는 방법이다.

1994. 7. 5.

---

*넷째고모 : 엄마의 넷째 딸. 막내고모 : 필자

재현아, 수연아.

그곳도 이렇게 더우냐? 이곳은 매일 30도가 넘는 불볕더위라 집안에 있어도 숨이 확 막히는 것 같다. 비가 좍좍 쏟아지면 땅이 식어 조금은 시원할 텐데…….

20×20(cm) oil on canvas

오늘은 7월 13일 수요일. 재현, 수연과 매일 마음으로 말을 하면서도 시간이 안 나서 못 쓴단다.

고모들 없을 때는 반찬 없이도 먹었지만 외국 갔다 오면 김치 먹고 싶을까봐 어제 경동시장 갔다 와서 김치 담그고(김치꺼리가 날이 가물어서 너무 비싸더라.) 청소하고 조금 쉬고 또 이 글을 쓴다.

너희들은 할머니 보배다.

재현이 아기 때 내가 너의 엄마에게 무슨 좋은 귀금속을 사 주었어도 며칠 좋아하다가 치워놓을 텐데 우리 재현인 밤에 잘 때는 떨어져 있어도 그 사이 보고 싶은데 이렇게도 고맙고 소중한 보물이 있느냐고 한 적이 있단다.

1994. 7. 13.

막내고모 그곳 갈 때 이렇게 써놓았던 것 대강 추려 보내고 늙은이가 무슨 할 일이 그리 많은지 쉴 틈이 없어 그간 많이 쓰질 못했다.

전에는 쉴 때 조금 누워서 쉬었지만 올해는 너무 더워서 등이 뜨거워 눕지도 못하고 원래 마실 다니는 성질이 아니니 재봉틀 꺼내놓고 이것저것 박아본다.

재봉틀 돌릴 때면 수연이 생각이 난다. 할머니가 수연이 방해할까 봐 문 꼭 잠가도 "할머니, 잠깐만……." 하면서 문 통통 두드리면 당해 낼 재주가 없어 열어주면 깔깔거리면서 "제가 돌릴게요." 하면서 손잡이 들고 돌리니 고 예쁜 모습 눈에 사진 찍은 듯 꼭 박혀있어 눈언저리가 젖어든다.

오늘은 무얼 하고 보냈니? 서울에서모양 학원 안 가고 숙제 없으니 우리 귀여운 장난꾸러기들 매일 무슨 장난을 하며 놀까?

여기는 너무 덥다. 올해는 유별나서 비는 안 오고 너무 가뭄이 심하니 전 같이 모기는 적다. 그 대신 매미소리는 들어 쏟아 붓는 것처럼 들린다. 비를 이처럼 기다린 적도 없었던 것 같다.

채소 값도 비싸고 과일 값도 비싸서 서민들은 잘 못 사 먹는다. 올해 된장 담갔더니 맛이 괜찮아 할머니는 된장 잘 먹으니 그냥 지낸다.

며칠이 지났구나. 마음속으로는 항상 너희들과 이야기 많이 하지만 손으로 쓰는 것이 잘 안 된다. 어제는 음력 7월 초하룻날이어서 오랜만에 삼각지 군 법당에 다녀왔다. 날씨가 너무 더워 못 가다가 참으로 오랜만에 갔는데 사람이 너무 많았다. 앉을 자리가 없을 정도로…….

다녀와서 좀 쉬고 있으니 미국 간 막내고모가 오더라. 할머니는 너희들 얘기 듣고 싶어 뒤를 따라다녀도 더워 죽겠다면서 목욕만 하더라.

나는 너희들 이야기 밤새 듣고 싶었지만 대강대강 너희들 잘 커 주었다고 하고 말아서 얼마나 섭섭하던지……. 일주일 이상 함께 있다 와서 이야깃거리가 그리 없던가!

1994. 8. 7.

키스해 주는 어머니도 있고 꾸중하는 어머니도 있지만
사랑하기는 마찬가지이다. – 펄벅

60×45(cm) watercolor on arches

삼베 빨래 다림질하고 점심 국수 먹을랴고(먹으려고) 물 얹어 놓고 편지 쓴다.

다리미가 고장 나서 넷째고모 것 빌려달라고 하니 꼭 숨겨놓고 안 빌려주었는데 너의 엄마가 사서 막내고모편에 보내온 것이 어째 매끄럽질 않더니 넷째고모가 손질하니 잘 다려진다.

입추도 지났는데 두 달 이상 계속되는 35~36° 더위로 집 전체가 불 위에 올려놓은 것 같이 너무 덥구나. 그래서 젊은 사람들은 밤에 한강 고수부지에서 잠자고 아침에 컵라면으로 식사 해결하고 출근한다고 뉴스에 나왔더라.

제삿날에는 모든 것이 너무 비싸 도매시장에 가서 조금씩조금씩 사와서 제사 모셨는데 제사 때가 되면 수연이 한 가지씩 양손으로 바쳐 들고 왔다갔다 도와주던 것 또 생각난다. 재현이도 종손답게 점잖은 표정으로 제사지내던 것, 할머니가 어떻게 잊어버리겠니?

올해는 과일도 너무 비싸 무엇이든 조금씩 장만했다.

욕심 많은 수연아! 할머니는 동대문, 남대문 시장 가면 예쁜 것이 어찌 그리 많은지 몽땅 가져다가 우리 수연이 주고 싶단다. 요즘은 시장에 가면 외국 사람들이 많아서 여기가 외국인가 착각을 할 때도 있다. 우리나라보다 못 사는 나라 사람들은 싸구려 물건들을 사고 돈 많은 나라 사람들은 고급품을 사고…….

언제였던가? 수연이 학교 들어가기 전에 수연이 데리고 큰 시장 한번 구경시켜 준다고 별렀었는데 그때는 할머니가 매일 아파서 결국 못 시켜 주고 말았지. 할머니는 어떤 할머니들이 손자손녀 데리고 전철 타고 버스 타고 어디 가는 것 보면 참 부럽더라. 전에 *태형이 어릴 때는 할머니 친구 집에도 데리고 가고 시장도 데리고 가고 그랬는데…….

매미 소리가 또 비 쏟아지듯 그냥 매미가 운다고 할 수 없을 정도로 쏟아 붓고 있다. 너희 둘이 밝게 예쁘게 큰 것 비디오테이프를 통해 재롱떠는 것 보니 너무 기쁘고 즐겁다. 아는 사람들에게 너희

---

*태형이 : 엄마의 제일 큰 외손자.

밖에 나갈 때 가는 곳을 반드시 아뢰고
되돌아와서는 반드시 얼굴을 보여드린다.
– 성현들의 효이야기

33.3×22(cm) watercolor on arches

들 사진 보여주고 비디오테이프 자랑할 때 누가 할머니 표정 유심히 본다면 어린애 같다고 할 거다. 너희들 이야기만 해도 할머니는 즐겁거든.

막내고모 살살 꼬여서 우리 수연이 사진 크게 하나 만들어달라고 해야 되는데 매일 바쁘다. 책 나올 때면 언제 들어오는 지도 모를 정도다. 그 겨울밤에도 밤샘 해가면서 일을 해서 얼마 전에는 또 진급을 하였단다. 불효한 딸들을 두어 할머니는 병이 더 된다.

1994. 8. 8.

오늘은 광복절이라고 고모들이 출근을 안 해서 아침 느지막이 먹고 종일 TV 보면서 누워 뒹굴었다.

넷째고모는 나가고 막내고모는 종일 누워있다. 어제 일요일이라고 누워 하루 종일 잠만 자고 밥알 하나 입에 안 넣더니 오늘은 어지럽단다. 얼굴은 창백해 가지고…….

재현 수연, 오늘은 뭐하니?

해방될 때 할머니 나이가 24세였었다. 젊었지! 나도 그럴 때가 있었나? 그해도 많이 더웠는데 *큰고모 업고 행진하는 사람들 뒤따라 갔던 생각이 바로 어제 일처럼 떠오른다.

그때는 정말 기뻤다. 늙는다는 것 상상도 못하고 인생이란 게 어떤 건지도 모르고 부지런하면 되는 줄 알고 부지런을 떨었지.

우리나라의 내 나이 때 사람들 모두 고생 많이 했다. 전기도 툭하면 끊어지고 시장에는 아무 것도 없고 수도도 툭하면 안 나오고 그래도 젊었기 때문에 모두들 참고 살아왔는데 지금 세상은 뭐가 너무 많고 흔해서 불평들이다. 올여름 너무 덥고 비가 안 오니까 사람들은 참지도 못하고 난리들이다.

1994. 8. 15.

---

*큰고모 : 엄마의 큰딸. 필자의 큰언니.

33.3×53(cm) watercolor on arches

오늘은 할머니 친구들끼리 모여 윷놀이도 하고 이런저런 얘기도 나누는 날이라 서오릉에 갔었다. 몇 달 못나가고 오랜만에 갔더니 참 반가워들 하신다. 몇 분은 미국 자식들 집에 가시고 안 오셔서 윷놀이도 못했다. 그래도 옛 친구들이란 참 좋은 거야. 그때 그 시절로 돌아가서 옛 이야기들 하면서 웃고 듣고 하다보면 해가 질 때가 된다.

1994. 8. 23. 흐렸다 개였다

오늘은 네 외사촌 형 원석이가 어렵게 태어난 날이다. 셋째고모가 양수가 터져서 병원에 입원했는데 산모나 아이 둘 중 하나를 포기하라고 해서 할아버지 할머니가 얼마나 걱정을 했었는지……. 지금은 건강하고 반듯하게 잘 자라주어 또 얼마나 고마운 마음인지…….

오후 4시쯤, 법당(절)에서 불교 성지순례 하는 날이라 모임이 있어서 삼각지 군 법당에 갔는데 모처럼 참가한 것이다.

올림픽이 열리던 무렵에는 자주 참가했었는데 통 못 가다가 이번에 큰마음 먹고 참석했다. 이번에 가는 곳은 경북 영주 '부석사' 라 하는 절인데 통일신라 때 의상대사님께서 나라를 지키려는 일념으로 당나라 가서 공부하시고 돌아와서 창건하신 절이다.

재현아, 종교를 떠나서 언젠가 먼훗날 재현이 대학교 다닐 때나 아니면 사회인이 되었을 때 한번은 꼭 문화재 참관의 차원에서 가보아라. 그 절의 내력은 의상대사께서 공부하실 때 선묘(善妙)라는 아가씨가 의상대사를 흠모했는데 아무리 해도 대사께서는 공부만 하시다가 당나라로 유학을 떠나셨는데 선묘가 알고 따라가려 하였다. 무슨 일이 있어 바닷가에 나가니 벌써 의상대사께서 타신 배는 저 멀리 바다 가운데로 떠나가 버려 선묘가 낙심을 하고 슬퍼하다가 그만 죽어버렸단다. 공부를 마치고 돌아오신 대사께서 호국(나라 안전)을 위해 지금의 부석사를 창건하시는데 그때 나쁜 사람들이 떼를 지어 방해하고 대사를 해롭게 하니 선묘의 넋이 용이 되어 큰 바위덩어리를 번쩍 들어 나쁜 사람들을 물리쳐서 무사히 공사를 마쳤단다.

바위가 공중에 떠 있다(浮石 : 돌이 떠 있다)는 의미로 '부석사(浮石寺)' 라는 이름을 붙였다 하고 바위 밑으로 실을 넣으면 반대편으로 뺄 수가 있단다. 절에 올라가려면 절 문이 두 개인데 안양문이라는 데서 가까이 보면 한국식 문살이고 50미터쯤 떨어져서 보면 문사이로 입체적으로 부처님 다섯 분이 역력하게 보인단다. 그 옛날 통일신라시대 건축물인데 어떻게 그런 공법으로 건축하였는지 옛 조상님 솜씨에 놀랄 뿐이다.

연장과 도구들은 지금보담은 형편없었을 텐데 그 무거운 돌바위를 어떻게 움직여 운반했는지…….

요즘은 도구도 훌륭하고 과학적으로 건축하는 데도 툭하면 무너지고 주저앉아 버리는데 천 몇 백 년 전의 우리 문화재들을 보며 우리 선조들의 솜씨에 감탄할 뿐이다.

석굴암이니 첨성대니 모든 것이 세계에 자랑해도 손색없다.

재현아, 또 하나 이야깃거리는 부석사에 모셔져 있는 아미타불 부처님 눈감고 계시는 모습에서 재현이 얼굴을 보았다.

벌써 그 더웠던 여름은 가고 가을이 어김없이 오나보다.

올해는 유달리 더웠는데 지금도 낮에는 30도가 넘지만 아침저녁은 시원해졌다. 잠자리도 날아다니고, 들판도 누렇게 익어간다. 여름휴가라고 날마다 떠들썩하더니 백화점들은 추석맞이니 뭐니 가을상품 세일한다고 야단이다.

그곳도 시원해졌겠지?

좀 있으면 추석이다.

1994. 8. 24. 맑음

재현아, 이 수첩이 어디로 갔는지 못 찾다 겨우 찾아냈다. 매일 너하고 이야기 하던 수첩이었는데 이제야 찾았구나.

어제, 미국의 유명한 대학인 MIT를 나와 NASA에 근무했던 *진우 결혼식에 갔더니 사람이 너무 많아 정신이 없더라. 할머니가 재현 아빠 늦게 봐서 우리 재현이 결혼할 때는 참석 못할 것 같구나. 우리 재현이는 결혼할 때 무슨 일을 하고 있을까?

어제 재현이가 콜레스테롤이 좀 높다는 얘길 듣고 밤에 잠이 안 왔다. 모래네 북경한의원에 물어보니 운동이 제일이란다. 우리 재현이 운동 좀 하고 군것질 하지 말고 아무 탈 없기를 기원한다.

옛날 어른들은 떨어져 사는 자식들을 머릿속에 새겨진 그림으로 혼자 생각했겠지. 요즘은 과학이 발달되어 전화해서 직접 말하고 사진 들여다보니 옛날 어른들은 참 불편했을 거라 생각된다. 내가 아직은 돋보기 끼고라도 글도 읽고 떨리는 손으로 글로 의사표시 할 수 있으니 이렇게라도 재현이와 이야기를 나눌 수 있는 것 아니겠니?

요즘은 방학이니 적당한 운동도 하고 아직 나이 적을 때 건강을 잘 지켜라. 예비된 신체도 없고 대신해 줄 사람도 없으니 오직 나의 건강은 내가 지켜야 돼. 옛날 사람들은 제 몸만 생각하고 부지런히 일이나 하고 그렇게 살다보니 늘그막에 병이 나서 건강을 잃어버리게 되고 자식들 걱정 시키고…….

내가 항상 하는 말이 내 인생 한 번 더 있다면 그런 거 다 보상받고 폼나게 살아보려 했는데 헛되이 다 살았구나. 젊었을 때는 내 자식 남만큼만 가르쳐 놓으면 되리란 생각으로 살았는데…….

1994. 8. 31.

*진우 : 엄마의 외사촌 조카의 아들.

25.8×16(cm) oil on canvas

어제 너무 더워 선풍기를 틀었는데 오늘은 비가 온다. 올해는 비가 귀해 모두 기다렸을 정도니 비 오는 것을 모두 반가워한다.

매일 같이 재현 수연과 이야기 나누고 싶은데 마음과 손이 맞먹지 않는다. 또 9월이 되었지만 여전히 여름 날씨다.

어제는 하루 종일 세탁기 돌리고 청소하고(청소라 해도 고모들 살림살이 많아서 치워도 개운치도 않다.) 비오는 날 멀리 있는 너희들 생각하면서 어제 저녁하면서 또 눈물이 나더라. 늙어 그런지 툭하면 눈물이 잘 난다.

전에 말한 할머니 사촌인 LA 할아버지가 내 마음 제일 잘 알아주실 텐데 전화요금 아끼느라고 자주는 못하고 편지 쓰려니 팔 아프고 재현 수연에게 이 글 쓰는 것도 한 줄 쓰고 며칠 지나서 한 줄 쓰고 또 며칠 지나고…….

지금 생각하면 젊었을 때 이렇게 저렇게 해볼 것을……. 그랬으면 건강도 좀 나았을 것이고 물질 고생도 덜할 걸 싶어도 그 시절은 지금 같지 않아서 나로서는 열심히 살았고 많이 노력했다고 생각한다. 이 좋은 세상에서 너희들은 후회 없이 하고 싶은 일하고 선진국에 있으면서 많이 배워라.

세월이 유수 같다더니 물은 흘러가면 그만이지만 사람 마음은 시간이 지나니 몸은 늙어버려도 마음은 그냥 남아있구나. 나도 어릴 때가 있었고 젊었을 때도 있었건만 늙고 보니 마음뿐이다. 요즘은 가르치는 것도 많고 배우는 데도 많지만 마음이 움틀거리다가도 "아이구, 이 나이에. 이 모습에……." 하고 생각하면 주저앉아진다.

재현이는 미국 가서 악기도 좀 배우는 모양이지?

사람은 모든 것 다 알아야 한다. 그러나 예능 계통은 취미로 하고 공부 잘해서 머리 쓰는 것이 제일이다. 야구도 한다면서? 재현 야구방망이 들고 뛰는 모습 보고 싶구나. 체력을 위해서 좋은 일이다. 수연이는 발레를 한다고? 몸이 가벼워 잘할 텐데 못 보는 것이 아쉽다. 비디오를 보니 여전히 뛰는 것도 잘 뛰더라.

손잡고 싶고 뺨 만져보고 싶어도 화면으로 보니 어쩔 수 없더라. 무엇이든 열심히 배우고 남의 모범이 되어라. 요즘 세상 참 무서운 일 많더라만 성심성의껏 하면 다 잘 될 거야.

1994. 9. 2. 비

찬바람 불고 선선한 날씨가 되니 재현 수연 더 보고 싶구나.

그 사이 또 컸겠지?

얘들아! 할머니는 너희들이 언제나 남에게 폐 끼치지 말고 내가 남 덕 볼 생각 말고 남에게 베풀어주는 삶을 살면 좋겠다. 남에게서 찬 냉수 한 모금 목마를 때 얻어 마시더라도 그 고마움을 잊지 말고 남에게 잘해주고 남을 도와주었다는 것은 금방 잊어버려도 세상은 공평하여서 언젠가는 나에게 돌아오게 되어 있단다.

오랜만에 모래내 갔다가 돌아오는 길에 보니 고수부지 수영장에는 사람 그림자도 없고 자연학습장에도 꽃들이 시들시들해져서 인생의 황혼 같더구나. 모든 것이 이렇단다. 인생이란 연습으로 살아 볼 수도 없고 내 인생 두 번 있는 것도 아니고 남의 인생 대신 살아 주는 것도 아니고 지나보니 우리 때에는 어렵고 불편하고 열심히 산다고 살았건만 모든 것이 불리한 세월을 살았던 것 같다.

흐르는 물 같다는 옛사람의 말씀대로 정말 세월 빠르구나. 추석 다가온다고 물가는 오를 대로 오르고 마음이 바쁘구나.

몇 달 전에 뉴스에서 이런 것을 알았다. 6~70년대 박치기로 세상을 떠들썩하게 하던 김일이라는 레슬링 선수가 얼굴도 망가지고 몸도 성한 데 없이 완전 폐인이 되어 일본에서 오랫동안 치료받다가 우리나라의 유지들이 국가를 빛낸 사람이라고 데려왔는데 참 비참한 말로가 되었더라. 물론 젊은 시절에는 세계적으로 이름을 날렸다지만 너무 비참하더라.

내가 내 자식 키울 때 내 자식들 운동선수 안 시키겠다고 작심한 것이 그 뉴스를 보니 참 잘했다는 생각이 든다.

1994. 9. 5.

재현 수연, 이 시간이면 그곳에서는 새벽 몇 시나 되었을까? 지금 이곳은 오후 6시 반이다. 세탁기 돌리고 청소 해놓고 전철 타고 영등포 롯데백화점에 가서 열무 사와서 물김치 담그고 저녁 하고 또 너희들과 이야기한다.

너무 비가 안 와서 채소 값이 많이 올라 열무도 보통 이천원, 삼천원이다. 그런데 돌아다녀 보니 백화점에서 손님 끌려고 야채를 시장보다 오히려 더 싸게 팔아 이웃의 슈퍼보다도 더 싸더라. 보라매에서는 김치거리가 잘 없고 어떤 때는 못 들어가게 하고…….

참! 비싸긴 하지만 약국도 그 안에 있고 보라매가 얼마나 커졌는지 아니? 땅은 좁은데 우리나라 사람들은 서울에 다 모였는지 참 사람도 많다.

올해도 봄이 없고 여름이더니 또 가을은 없고 겨울이 오는가 보다. 벌써 아침저녁은 제법 쌀쌀해졌단다. 이달 초에는 그래도 덥더니만 며칠 사이에 싸늘해졌다.

1994. 9. 15. 흐림

올해는 감기와 신경통에 시달려서 마음만 있었지 이 공책 메꿀 수 없었다. 어느덧 10월이 되었구나.

5월말에 일본 가고 8월에는 미국 가고 자식들 덕에 70 넘어 외국 구경 잘했다. 세 번째 갈아탄 마을버스 같은 미국 국내선 비행기를 타고 루이지애나 공항에 내렸을 때 미국과 캐나다 여행 중인 너희들이 나와 있을 줄 알았지만 공항 대합실에서 재현, 수연 얼굴 봤을 때 그동안 열 몇 시간 비행기의 피로도 잊는 것 같더라. 고모네 차가 승용차라 너희들 다는 못 나올 줄 알았는데 너무 반가워서 지금도 그 순간을 생각하면 숨이 막히는 듯 생각이 든다. 보너스 탄 기분이었다.

너희들과 며칠 보내고 둘째고모가 학교 때문에 바빠서 주로 먹는 곳만 찾아다녔다. 오는 길에 막내고모 여고 때부터 단짝이던 친구가 사는 시카고에 가서 또 구경 많이 했다. 그 친구 가족과 미시건 호수가에 두 번이나 나가서 바비큐 해 먹고 밤에는 시카고 야경을 관람하는 유람선을 타기도 하고 헤밍웨이가 살던 집도 보고……. 그런데 호수가 있어 그런지 그곳은 한국의 10월말이나 11월초 같은 날씨더라.

네가 부탁한 것 사느라고 2~3일은 백화점을 누볐다. 그래도 나는 다른 사람은 내 나이에 한 번도 어려운데 세 번씩이나 미국대륙을 가 봤으니 참 고마운 일이다 싶었다.

재현아, 그런데 막내고모 친구 집에 고모 후배가 찾아와서 자기 집에 초대를 하여 그 집에서 하룻밤 잤다. 그 집은 아주 틀이 잡혀서 참 잘 살더라. 막내고모하고 그 집 할머니 침대에서 자는데 꼭 좋은 호텔에서 자는 것 같아 잠이 잘 안 오더라.

앞뒤 넓은 마당에는 참새보다 크고 비둘기보다 좀 작은 예쁜 빨간 새가 나무에 앉아있었는데 시카고 주에 주로 사는 새라고 하더라.

*1997. 10.

---

*1997. 10. : 아이들이 미국에서 돌아온 후 쓴 글.

53×45.5(cm) watercolor on arches

소중한 사랑

살아가면서 순간순간
주변사람들의 소중한 사랑을
참 많이 느끼게 됩니다.
부모님, 형제자매, 친구들…….
지금까지 받은 소중한 사랑,
이제 모두 소외받는 이웃에게
돌려주고 싶습니다.

65.2×45.5(cm) watercolor on arches

어머니

일간신문 32면을 외우다시피 읽어버리는 어머니는 백일장을 위해 문을 나서는 내게 "닭띠가 오늘 운세에 바쁜 일과 중에 승리할 수란다."라고 말씀하신다. 그것은 내게 큰 힘으로 다가왔다. 언제나 내게 꿈과 용기를 주는 어머니를 내가 보호하게 된 것은 몇 년 전 가을, 아버지가 갑작스레 우리 곁을 떠난 후이다.

아들이 없는 것은 아니지만 여러 가지 조건에서 내가 선택된 것이다. 아버지를 닮아 별로 말이 없는 나는 말하기 좋아하는 성격의 어머니 얘기를 많이 듣는 편이다. 가끔은 퉁명스런 대꾸도 해 가면서…….

이제 여든을 넘기신 어머니는 아직도 꿈이 많다. 어릴 적부터 꿈꾸던 중립국이라 꼭 한 번 가보고 싶었던 스위스를 여행하는 일과 글재주가 좋으면 6 · 25를 소설로 엮어보고 싶은 것, 컴퓨터를 잘 다루는 것 등등. 물론 "후세에 인간으로 태어난다면……." 하는 단서가 붙는 일이긴 하지만.

태어난 시대가 요즘 같지 않아 꿈을 다 펼칠 수는 없었지만 어머니는 자신이 하고 싶었던 일들을 우리 2남 5녀 자식들에게 시킨 것이 아닌가 한다. 박봉의 공무원을 내조하며 어머니는 우리들을 모두 대학 이상 졸업시키셨다.

딸이라도 너희들이 크면 세상이 달라질 것이라면서 할 수 있는 최선을 지원해 주셨다. 이제 남은 삶이 얼마 되지 않으리라 여기시는 어머니는 자신의 일생을 내게 각인시키듯 밥상머리에서 특히 여러 가지 일들을 많이 말씀하신다. 한 얘기를 또 할 때도 많다.

안동이 고향인 어머니가 성북동에서 처음 서울 생활을 시작했을 때 동네 반장을 했었다고 한다. 이웃에 사는 일곱 명의 대학생을 인민군들로부터 보호하여 숨겨준 것이 우리 형제 일곱이 학사모를 쓴 것과 연관이 있는 것 같다고 늘 말씀하신다.

어머니는 외할머니를 이야기하면 항상 눈물이 난다고 했지만 난 언제나 그렇진 않다. 아버지 때 그랬던 것처럼 어머니가 내 곁을 떠나면 나도 그런 허전함으로 살는지는 모르지만…….

이제는 머리가 하얀 할머니인 나의 어머니는 내가 컴퓨터를 켜면 “오늘은 무슨 바이러스가 있는 날이다. 조심해라.”라고 다 알고 있는 사실을 이야기 해 줄 때면 귀찮은 생각이 들어 짜증을 내기도 한다.

딸로서는 막내인 내게 엄마를 맡긴 언니들은 내가 어머니께 잘한다고 하지만 아무 것도 잘 해드리는 것이 없다. 그것이 언제일지는 모르지만 그리 길지 않은 어머니와의 생활, 어머니께 해드리고 싶은 게 참 많다.

“너 그때 대학원 나오고 바로 박사과정 하는 건데…….”라며 시간 날 때마다 아쉬워하는 어머니께 박사학위를 안겨드리고 싶다.

“네 아버지와 결혼 안 했으면 오빠들 일본 유학 갈 때 따라가는 거였는데…….” 혼잣말처럼 되뇌는 어머니께 대리만족이라도 시켜드리려면 계속 공부를 해야 하는데 이제 내 나이가 너무 많다.

가까이는 용산 전쟁기념관이나 미사리부터 시작해서 어머니가 꼭 가보고 싶어 하는 곳들을 모시고 가야겠다. 여름엔 더운 날씨를 핑계 삼아 못했는데 겨울이 오기 전, 이 좋은 날씨에 이곳저곳 여행을 다녀야겠다. 그러기 위해서 좋은 차로 바꾸고 싶다.

내가 타고 다니는 소형 승용차는 10년도 넘은 고물이다. 아직 가다가 멈춰 설 정도는 아니지만 이제 몇 년이 안 돼 새 차로 바꿀 것은 틀림없다. 그러나 그 때 어머니가 내 곁에 있으리라는 확신이 없기 때문에 좀더 넓은 차로 바꾸어 어머니를 편안하게 모시고 싶다.

열 손가락 깨물어 안 아픈 손가락도 가끔은 있다고 한다. 어머니가 가장 정이 가는 것은 딸만 내리 낳고 얻은 맏아들인 걸 난 알고 있다. 며칠 전 “나 죽으면 니 오래비가 젤 섧게 울 것 같다. 그 애가 정이 많잖아.” 하는 이야기를 듣지 않더라도 인물 좋고 성격 좋은 치과의사 오빠는 어머니에겐 큰 자랑거리다.

아들인 오빠나 동생이 바빠서 오지 못하면 시간이 많은 내가 어머니를 모시고 그들 집으로 가야겠다. 손자들 재롱떠는 모습을 보면 항상 즐거워하시는 어머니를 위해 좀 더 시간을 많이 내야겠다. 어머니가 가보고 싶어 하시는 스위스를 모시고 갈 수는 있는 걸까?

꿈도 많고 아는 것도 너무 많아 가끔은 피곤하기도 하지만 여든이 넘은 연세에 명절이면 자손들 선물 사는 재미에 버스를 타고 남대문 시장을 다녀오시고, 일주일에 서너 번씩은 시내버스를 타고 한의원에서 진료를 받으시는 어머니가 한편으론 무척 고맙게 느껴진다. 바쁜 일상 속에서 어머니께만 매달려 있을 수는 없는 일이기 때문이다.

일자무식하여 버스 번호나 행선지를 읽지 못한다면 일일이 모셔다 드려야 하고 혼자 나가셔도 걱정이 앞설 일이기 때문이다. 또 일상용품들은 메모해 두었다가 슈퍼마켓에서 구입하여 배달을 시키기도 한다. 어머니의 똑똑함이 늘 우리들을 지켜준 것은 사실이다.

지난 겨울, 관절이 아픈 내가 수술 후 퇴원할 때의 일인데 수술한 다리를 한 달 동안 땅에 디디면 안 된다고 하여 우리 식구들은 모두 걱정을 하고 있었다. 2층에 사는 관계로 엘리베이터가 서지 않기 때문이었다. 관리사무소와 동사무소에 전화해도 안 된다고 하니까 구청에 전화를 하여 2층에 서도록 조처를 취해 놓고 기다리시던 어머니의 그 강인한 모습을 지금도 난 잊을 수가 없다.

내 존재의 이유이기도 한 어머니가 앞으로도 많은 시간 내 곁에 머물러주시기를 바라면서 젊었을 때 아버지와 함께 우리를 위해 쏟아주신 사랑, 이제는 모두 돌려드리고 싶다.

부모가 자녀의 인생에 남겨줄 수 있는 최고의 유산은 좋은 습관이다.
그리고 그 못지 않게 중요하고 강력한 것이 있다면
그것은 아마도 따뜻한 추억일 것이다. – 시드니 해리스

봄이 싫은 이유 몇 가지

이제 문을 열어도 춥지 않다.
봄은 모든 걸 훤히 드러나게 하는 계절인 것 같다.
어렸을 때는 춥고 긴 겨울이 싫었었다.
겨울에 두 번의 큰일을 겪고 나서 한참은
봄이 영원히 오지 않기를 바라곤 했었다.
그러나, 그런 바람은 언제나 배신으로 돌아오고 만다.

올해도 어김없이 봄이 왔다.
봄이면 한 번씩 떠올리는 T. S. Eliot의 '황무지' 라는 시의
의미를 알게 된 것은 나이가 들고도 한참 후의 일이었다.
따뜻하고 화사한 날씨가 너무 싫다.
엄마가 계셨으면 즐겨 봄나들이 갔을 텐데…….

작년엔 수술 후라 꼼짝을 못하고
봄을 보내버려 참 많이 아쉬웠는데
날씨는 또 이렇게 좋고
얼마 후면 개나리, 진달래, 벚꽃이 흐드러져 피고
그 꽃잎 질 때까지 한참을 설움에 겨워하겠지.

나는 성장하는 과정에서 좋은 스승과 좋은 벗을 만나 큰 도움을 받았다.
그러나 무엇보다도 아버지로부터 받은 사랑과 교훈,
그리고 모범이 가장 훌륭한 교훈이었다. – 발포아

돌담길

어제 내린 비로 고궁의 나무 잎새가 더욱 푸른 가을 아침이다. 가을이 오면 덕수궁을 찾는 것은 이제 습관처럼 돼 버렸다. 여름이 끝난 지 얼마 되지 않은 요즈음, 덕수궁 돌담을 끼고 걷는 그 길엔 은행잎과 단풍잎이 어우러져 춤을 춘다.

지난 해까지 다리 관절이 많이 아팠던 나는 심한 통증이 올 때도 낙엽이 보고 싶을 땐 그 길을 차로 달렸었다. 올 봄에 한 관절 수술이 경과가 좋아 이 가을엔 돌담길을 차가 아닌 두 발로 천천히 걸으며 이 생각 저 생각 상념에 잠겨본다.

아직 초등학교에 입학하기 전 집안 식구들과 함께 걷던 덕수궁 돌담길에서 아버지의 손을 놓아버렸었지. 옆에서 걷던 어떤 아저씨 손을 아버지인 줄 알고 잡고는 한참을 따라 걸어갔었다. 지금처럼 사람이 많지 않았던 때라 금방 아버지께 발견되어 다시 만날 수 있었지만 언제 생각해 봐도 아찔했던 순간이다.

아버지…….

덕수궁의 돌담길은 아직도 그대로인데 아버지는 내 곁에 없다. 몇 해 전 가을, 두 달여 중환자실에 누워 계시던 아버지는 그 가을이 끝나기 전 우리 곁을 영원히 떠나버리셨다. 아버지를 생각하면 언제나 머릿속이 텅 비어 버리고 만다.

멍청한 눈빛으로 돌담길의 돌들을 하나 둘 세어본다. 같은 돌인데 길가에 버려져 있으면 천덕꾸러기가 돼 버리지만 이렇게 어우러져 우리에게 큰 역할을 하는 걸 보면서 어떤 방식으로 살아야 한 번뿐인 인생 더 빛을 발할 수 있을까 생각하게 된다.

참 많이 아팠던 때, 침대 위에 가만히 드러누워 있으면서 그것이

제 부모를 사랑하는 자는 감히 남을 미워하지 못하고,
제 부모를 공경하는 자는 감히 남을 없ㄴ여기지 못한다. – 공자

죽은 것과 무엇이 다를까 라는 생각을 줄곧 했었다. 그러나, 이제 나는 무엇이든 할 수 있다.

덕수궁의 돌담길을 구성하고 있는 하나의 돌처럼 나는 이 사회에서 꼭 필요한 사람이 되어야겠다. 그저 무심히 지나쳐버리는 돌담길을 보며 언제나 최선의 삶을 사셨던 아버지를 떠올리다 보니 꼭 한 번 다시 만나고 싶은 아버지를 먼 훗날 어디에선가 다시 만났을 때 결코 부끄럽지 않은 딸이 되도록 열심히 살아야겠다는 생각이 든다.

아직도 많이 나는 덕수궁 돌담길을 걸을 것이다.

그 때마다 더 나아진 모습으로 만날 것을 약속하며 걷는 내 발길엔 한결 더 힘이 넘쳐나는 듯했다.

73×54(cm) watercolor on arches

나를 슬프게 하는 것들

– 안톤 쉬낙 흉내 좀 내봤죠~

눈이 부시게 푸른 계절, 이 봄은 나를 슬프게 한다. 베란다 너머로 언뜻언뜻 보이는 목련의 하얀 꽃잎과 아파트 담장 가득 둘러싼 노란 개나리꽃들이 나를 슬프게 한다. 날씨는 이렇게 좋은데 봄나들이 모시고 갈 부모님이 안 계시는 것이 나를 더욱더 슬프게 한다.

잠 못 드는 밤, 인터넷 카페를 찾아 엄마의 일기를 읽고 또 읽을 때 나는 정말 슬픔을 느낀다. 마치 엄마가 살아 돌아올 것 같은 착각 속에 창밖이 훤하게 밝아올 때까지 나는 컴퓨터를 떠날 줄 모른다.

아주 오래 된 뽕짝들은 나를 슬프게 한다. 노래는 그 시대를 반영한다고 하고 모든 실연한 이들의 마음을 대변해준다고도 할 만큼 그 노랫말들은 구구절절이 내 마음을 표현하고 있다. 또 지나간 시절을 떠올리게도 한다. 은방울 자매의 '마포종점' 은 불 나간 방에 우리 형제들 모두 어미 닭 옆의 병아리들 마냥 드러누워 마구 불러 대던 노래이다. 공직에 계시느라고 이리저리 전근 다니시는 것이 나그네처럼 느껴져서인지 아버지의 18번은 '나그네 설움' 이다. 라디오에서 흘러나오는 '마포종점' 과 '나그네 설움' 은 나를 정말 슬프게 한다.

강변로를 차로 달리며 참 많은 생각들을 한다. 가장 좁은 나만의 공간에서 울려 퍼지는 소리는 나를 슬프게 하여 앞이 안 보일 정도로 철철 울어댔다. 운전에 지장을 받을 때쯤 되어 길 한 쪽에 세워놓고 맘껏 울었던 기억이 난다.

세수 하고 난 뒤의 비누 냄새는 나를 슬프게 한다. 늘 쓰던 비누를 아이보리 비누로 바꾼 것은 얼마 되지 않은 일이다. 하지만 이제 이 비누를 다 쓰고 나면 다시 예전에 쓰던 그 비누로 바꿀 생각이다. 오랫동안 맡아 온 엄마 냄새를 잃어버리는 것은 나를 무척 슬프게 하는 일이기 때문이다. 비누에서 빨래에서 음식에서 나는 계속

53×45.5(cm) oil on canvas

엄마 냄새를 맡을 수 있기를 기대해 본다.

어느 날 갑자기 축 늘어져 버린 무성하던 화분의 잎새가 나를 슬프게 한다. 움직이는 것은 아니지만 그들도 언제나 나와 함께 숨 쉬었으면 좋겠다. 내가 살던 아파트를 허물고 그 자리에 최신식 고급 아파트를 잘 지어놓은 것을 발견했을 때, 그것은 나를 견디기 힘든 슬픔으로 몰아낸다. 내 기억 속의 유년시절을 찾아내려고 종일을 돌고 돌아 발견한 동네가 기억조차 할 수 없는 곳으로 변해 있을 때 슬픔을 넘어 배신감까지 생기게 된다. 하지만 나를 슬프게 하는 것이 어디 그것뿐이랴. 장마 속 이사 행렬과 어린 시절 내 할머니를 연상시키는 허리 굽은 할머니. 주제 파악을 못하는 인간의 무리들. 회색빛 물감과 팬플룻 소리. 어둠 내리는 초저녁. 오지 않는 남편을 기다리는 새댁의 모습. 바람 난 엄마를 기다리는 아이의 얼굴. 가수 뒤에 서서 이런저런 몸동작을 해대는 백댄서들의 어설픈 춤 솜씨. 지붕 위에 떨어지는 빗방울 소리. 오늘 같은 연휴의 마지막 날 저녁. 윤동주의 시 구절. 슈퍼 한 구석에 쳐박혀 있는 누룽지……. 이 모든 것 또한 나를 슬프게 하는 것들이다.

엄마와 통일

앞산의 나무 잎새가 푸르름을 뽐내는 가을아침이다. 3년째 찾는 이곳, 성미산. 작년엔 엄마와 함께 왔었지. 그리고 한 달을 더 사신 엄마는 영원히 돌아오지 못할 길을 홀로 떠나버리셨다.

남한의 거의 북단에 위치한 공원묘지, 그곳이 8년 전 이맘때 쯤 영면하신 아버지와 합장하여 모셔드린 엄마의 영원한 안식처이다.

성묘 길에 항상 말씀하시던 "어서 통일이 돼얄 텐데……."라는 소리가 환청처럼 귓가에 맴돈다. 빨갱이 나라 북한이나 아프리카 같은 미개한 나라는 싫고 다시 태어나도 대한민국 땅에서 살고 싶다던 엄마. 일간지 32면을 샅샅이 읽으시고 그날의 뉴스를 말씀해 주시던 엄마가 오늘은 유난히 더 그립다.

6 ? 25를 겪은 세대가 그렇듯이 엄마에게 있어 북한은 빨갱이 나라로 통했었다. 하긴 초등학교 때 내가 생각하던 북한은 머리에 뿔 달린 빨간 사람들만 사는 곳이었으니까…….

그러나 TV에서 '남북이산 가족 찾기' 라는 것을 하고부터 북한은 우리에게 가까운 이웃으로 다가오고 있었다. 급기야는 우리나라에서 손꼽히는 부자 할아버지가 소떼를 몰고 고향인 북한 땅을 밟기도 했다. 호화여객선을 타고 금강산을 관광하는 사람들도 이젠 주변에서 많이 볼 수 있다.

여행을 좋아하는 나는 엄마와도 많은 곳을 여행했었다. 미국의 어느 도시에 갔을 때 찾아간 박물관 입구에는 자기가 온 도시에 핀을 꽂을 수 있도록 커다란 세계지도가 놓여 있었다. 우리나라 사람들도 몇몇이 다녀갔는지 핀 꽂을 자리가 없을 정도였다. 좁은 틈을 비집고 녹색 핀을 꽂은 엄마는 "우리가 사는 곳이 세계와 비교해 보니 너무 작구나. 통일이 되면 지금보다는 더 커지겠지?"라고 말씀하신 기억이 난다.

'우물 안 개구리' 라고 했던가? 바깥세상을 모르면 그저 내가 살고 있는 곳이 전부이겠거니 여기게 된다. 그러나 해외에 나가서 보는 세상은 너무 넓었다. 그 넓은 세계지도에 조그맣게 위치한 대한민국! 세계 유일의 분단국가, 반 동강 난 국토에서 우리는 그렇게 반세기를 살아오고 있다. 50년 넘게 헤어져 사는 가족들, 이제는 만나야 한다. 몇 박 며칠의 금강산 여행으로서가 아니라 통일된 조국에서 함께 모여 살아야만 한다. 남과 북이 합친다면 국력도 2배, 체력도 2배가 될 것이고 우리는 아마 세계를 이끄는 민족이 되리라.

엄마 가신 지 1년이 다 돼가는 요즘도 나는 매일 엄마를 그리워한다. 냉장고에 붙여진 엄마의 사진을 보며, 욕실의 비누냄새를 맡으며 엄마를 그리워한다. 엄마 방문을 열면 지금이라도 엄마가 환하게 웃으며 나오실 것만 같다. 엄마처럼 이미 돌아가신 분들은 어떤 방법으로도 다시 만날 수가 없지만 아직도 살아 계신 이산가족들은 언제건 만날 수가 있다.

지난 반세기를 되돌릴 수는 없더라도 더 늦기 전에 이제라도 통일된 조국 하늘 아래 오순도순 모여 산다면 잃어버린 시간들을 보상 받을 수도 있지 않을까?

통일!

이제 남의 얘기만은 아니다. 우리 민족 최대 관심사인 '통일'을 어서 빨리 이루어 엄마와 하지 못한 금강산 여행을 혼자라도 하고 싶다. 일만 이천봉에 올라 소리 높여 외치고도 싶다. 자랑스러운 내 나라 '대한민국'을…….

돌아오는 주말쯤엔 엄마를 만나러 가야겠다. 지난 추석에, 그리고 그 뒤 한번 가긴 했지만 이제 추운 계절이 올 테고 눈이라도 내리면 올라가기 힘들어질 테니까. 통일이 된다면 금촌을 넘어 평양까지 새로 산 승용차로 달릴 수도 있을 텐데……. 머리에 뿔도 없고 온몸이 빨갛게 생긴 것도 아닌 고개 돌리면 있는 이웃 같은 북한 주민들의 따뜻한 손을 잡아볼 수도 있을 텐데…….

평화통일의 그날을 생각하는 내 등 뒤로 북에도 비추고 있을 따뜻한 햇살이 내리쬐고 있다.

길

강변북로는 내가 잘 지나다니는 길이다. 서초동에 있는 병원을 다니자면 반포대교를 건널 수도 있고 잠수교를 건널 수도 있다. 나는 늘 잠수교를 건넌다. 강을 바로 옆에서 볼 수 있는 그 길……. 산을 오르지 못하면서부터 바다에 정을 붙였었다. 바다를 자주 볼 수 없는 현실, 강에라도 정을 붙이고 산다. 강 가까이 지날 수 있는 길 강변북로를 달려 잠수교를 지나면 있는 그곳 종합병원. 꽤 오랜 시간을 다니는 곳이다. 그 길에 함께 한 사람도 많았지.

길을 떠올리다 보면 사람들이 생각난다. 엄마와도 함께 갔던 그 길. 길은 그대로인데 사람은 없다. 임상실험이 끝나는 날이라 무슨

72×53(cm) oil on canvas

검사가 꽤 많다. 모두 끝내고 돌아오니 오후 세시가 넘어 있었다. 어디 가기도 애매한 시간 그냥 집으로 돌아왔다. 이렇게 일찍 집으로 돌아오면 엄마는 무척 좋아했었지. 그런데 왜 그 좋아하는 일을 자주 못해줬을까? 텅 빈 아파트 현관문을 열고 들어선다. 엄마는 어두컴컴한 집 열쇠로 열고 들어오기 싫다며 해질녘이면 서둘러 집으로 돌아오곤 했었다.

베란다 너머 아파트 앞길을 바라본다. 봄날처럼 따사로운 저녁. 찬거리를 사들고 바쁜 걸음을 옮기는 아낙들. 우리 동 삼총사 중 이제 하나 남은 옆집 할머니도 주황빛 자켓을 입고 시장을 다녀온다. 소녀처럼 웃고 떠들던 세 할머니. 엄마가 떠나자 또 한 할머니도 이사를 가버리고 이제 5호집 할머니만 남았다.

삶이 덧없음을 느끼며 그리 멀지 않은 곳의 산길을 본다. 길 따라 산 따라 우리의 청춘도 가버리고 말았음을 느끼며…….

불 꺼진 창

집으로 돌아오는 길…….
아파트를 들어서며 제일 먼저 보는 것이
내 방 불이 켜있나였었다.
불을 확인하기 전까지
짧지만 긴 시간 동안 참 많은 생각을 했었다.
언젠가 불 꺼진 창을 바라볼 날이 오리라는 생각을 하면
가슴이 시리곤 했지만 엄마가 계시는 동안
나의 창은 언제나 불을 밝히고 있었다.
어둠이 싫었던 엄마는 밤에 오는 딸의 모습이 안쓰러워
늘 환하게 불을 밝혀놓으셨다.

매섭게 몰아치던 눈보라도
살을 에는 추위도 이제 저만치 달아나버렸다.
봄이 오려는 건가? 너무 성급한 생각이지.
겨우내 언 땅을 녹이듯 시원한 물줄기로
베란다와 계단을 청소하는 아주머니.
마음속 깊은 곳에 자리한 슬픔까지도
깨끗이 씻어내 주었으면…….

봄은 오고 있는데 내 창은 아직도 겨울이다.
이제 불 켜진 창을 바라볼 일은 아마 없으리라.
가끔 엄마가 그랬듯이 위장전술의 하나로
불 켜고 외출하는 날 이외에는…….

부모를 공경하는 효행은 쉬우나, 부모를 사랑하는 효행은 어렵다. - 장자

53×45.5(cm) oil on canvas

아이를 학교에 태워다주고 왔다

남들보다 좀 늦게 장가가서 아이 안 낳겠다고 하다 남들보다 많이 늦게 아들을 보고 이렇게 예쁠 줄 알았음 진작 낳을 걸 그랬다던 아이이다. 선친은 그 손자를 보고 일기에 "이제 내 할 일을 다했다. 조상님들 만나도 부끄럽지 않겠다."라고 쓰셨었다. 물론 장손이 있기는 하지만 아버님이 늦게 보신 아들이 장가를 가서 또 아들을 낳았으니 감회가 새로우셨을 것이다. '오랜만에 부자가 얼싸안고 즐거움을 나누었다.' 는 표현도 하셨다. 유치원 입학식이라고 모두 가서 축하를 해 주던 기억도 난다. 그때의 사진은 내가 쓰는 메모지에 인쇄 되어 그 시절을 늘 추억하곤 한다.

언제나 손에서 떠나지 않는 키홀더에도 녀석의 사진이 붙어있다. 오늘 그것을 본 녀석은 기분이 몹시 좋았나 보다. "너를 보려고 고모가 항상 가지고 다니는 거야." 라고 말해주니 씽긋 웃는다.

길을 잘 모르는 내가 녀석이 딴 짓 하는 동안 후문으로 갔다. 후문은 차가 다니는 곳이니 정문으로 가서 큰 자기네 학교를 보여주겠다고 했다.

"우리 학교 디게 크죠?"

아이의 눈으로 볼 때 한없이 컸던 모교가 졸업 후 찾았을 때 왜 그렇게 작아 보이는가 하는 것은 모두들 경험한 사실일 것이다.

더 이상 지체할 수 없는 시간이 되자 손을 흔들며 녀석은 차에서 내렸다. 정문으로 들어갈 줄 알았던 녀석은 잠긴 문의 조각된 구멍으로 들어가고 있었다.

클렉션을 빵빵 하고 울리자 또 씽긋 웃으며 교실을 향해 뛰어간다. 받아쓰기할 때도 심심하니 책상 밑으로 가서 하자며 책상 아래 들어가서 답을 쓰는 녀석.

33.3×24.2(cm) watercolor on arches

읽고 싶은 책이 있으면 도서관 바닥에 엎드려 다 읽어버리고 마는 녀석의 엄마는 학기 초 담임이 바뀌는 날이면 초비상이다. 또래 아이들과는 다른 생각을 가진 녀석이 새로운 담임에게 어떤 눈으로 비춰질지 그리고 그 적응기간은 또 얼마나 걸릴지 생각하며…….

오늘은 시험이라는데 문제를 잘 읽고 답을 잘 쓰라는 상투적인 이야기를 해줄 수밖에 없었다. 시험에 얽매이지 않고 녀석이 좋아하는 비행기를 보고 별을 보고 책을 읽고 게임을 하고……. 그런 날들이 과연 올까? 그건 꿈이겠지? 생각하며 핸들을 돌렸다.

함께 살지 않는 내가 과연 몇 번이나 녀석을 등교시킬 수 있을까? 후손이 없는 나는 언제부터인가 조카들을 자식처럼 생각하기로 했다. 조카들 다 소용없다고 하는 사람들이 많지만 이 세상 끝나는 날, 좀 더 많은 것을 그들에게 특히 제일 어린 조카인 동생의 아들에게 줄 수 있으면 좋겠다. 그러기 위해 나는 열심히 일을 하고 저축을 한다.

기찻길

내겐 오랜 친구 같은 언니가 있다.
딸 다섯을 낳아, 딸 중 막내인 내겐 위로 넷의 언니가 있지만
같은 길을 걸어가는 넷째언니 이야기를 오늘은 하려 한다.
언니와 나는 비슷한 점이 꽤 많다.
그림을 전공했고 대학 때 산악부였고…….
2남 5녀 중 가운데 자만 틀리고 이름이 같고,
영문 이니셜이 같고…….
집에서 부르는 이름 역시 그렇다.
서로 기대어 살 것을 아버지는 미리 짐작하신 걸까?
우리가 이야기를 나누다 깜짝 놀라는 경우가 자주 있는데
사고의 폭이 비슷한 점을 발견할 때이다.
극과 극을 달리는 경우도 있지만
대부분 공통된 생각을 가지고 있다.
쌍커풀 진 남자가 싫다거나 feeling을 중요시한다거나…….
사람을 보는 눈은 정말 비슷하다.
우리는 최근 또 한 가지 의견을 통일한 것이 있다.
우리 각자를 위해 환갑 때 전시회를 열기로 한 것이다.
수채화 전시를 마치고 우리는 세계일주 여행을 떠나려 한다.
그 꿈의 실현을 위해 오늘도 열심히 그림을 그린다.
서로에게 누드모델도 되어줄 수 있는 자매가 몇이나 될까?
이렇게 살아가는 우리 모습을
대부분의 주위 사람들은 아름답게 봐 준다.
그들의 생각처럼 아름다운 사람이 되기 위해
기찻길처럼 나란히 가는 우리 삶을
더욱 책임감 있게 살아내야겠다고 다짐해본다.

53×45.5(cm) oil on canvas

비가 올 듯 하늘이 잔뜩 찌푸린 저녁에

장마철이라 오락가락하는 빗줄기 사이에서
아이와 아빠는 물장난을 한다.
7일부터 시험이라고 몇 시간 앉아 공부하는 듯하더니
1시간 물속에서 물총 장난하며 논다고 나간 부자가
물에 빠진 생쥐 모습이 되어 들어와서는
아이 엄마에게 디카로 얼른 찍으라고 난리다.
평균 90 넘으면 한 달 내내
아이와 놀아주기로 했다는 아이의 엄마.
어버이날 선물로 '1년 심부름권' 을 적어 내밀었던 아이는
음식물 쓰레기 청소며 잔심부름을 도맡아 한다.
하기 싫은 내색이라도 할라치면
아이 엄마와 아빠는 "심부름권!"을 외쳐댄다.
무슨 과목은 몇 점, 무슨 과목은 몇 점 해서
평균 몇 점 맞으라고 일러주며
사회와 과학, 수학을 함께 공부하는
아빠와 아이 모습이 무척 아름다워 보인다.
옛날 아버지가 하셨던 대로 아버지의 아들 둘은
그렇게 아이들에게 사랑을 나누어주고 있었다.
시험이 끝나고 방학이 오면
아이를 데리고 푸른 물결 넘실대는
바다를 찾아야겠다.

슬프도다! 부모는 나를 낳았기 때문에 평생 고생만 했다. - 시경

사진

오늘은 한 번도 본 적이 없는 외삼촌(엄마의 큰오빠) 제사이다. 외사촌 중에서 가장 연락을 많이 하고 내 엄마에게도 딸보다 더 잘했던 외사촌 언니에게 나는 얼마 전부터 빚이 있었다.

언젠가의 화재로 아버지의 사진이라고는 작은 사진 한 장 달랑 남은 언니에게 크게 만들어주겠다 하고는 이제서야 전달할 수 있게 되었다. 그 작은 사진도 전쟁 중 피난시절, "옷이야 다시 사면 되지만 사진은 다시 만들 수 없다."며 옷 대신 사진을 챙겨 오신 우리 엄마가 언젠가 전해준 것이다.

아직도 살아 계시는 외숙모는 "니들 외삼촌 너무 멋있어서……. 그런 사람 다시 만나지 못할 것 같아 재혼을 하지 않았다."고 늘 말씀하셨다. 아버지의 부재(不在)로 180도 달라진 삶을 살아온 언니……. 그녀는 요즘, 이제는 노인이 돼버린 한쪽 눈이 잘 안 보이는 자기 엄마와 올 초부터 하반신을 잘 못 쓰게 된 숙모를 함께 모시고 산다.

참 잘 생긴 외삼촌의 사진을 프린트하며 언제나 자기보다 남을 위해 살아온 벌써 환갑을 넘긴 언니의 남은 삶이 행복으로 가득하길 빌어본다.

어머니는 우리의 마음속에 얼을 주고, 아버지는 빛을 준다. – 장 파울

목걸이

액세서리를 별로 하지 않는 편이지만 목걸이는 잘 하고 다닌다. 내 목에 걸리는 목걸이는 선물 받은 것이 많다. 특별한 일 없는 날에는, 오래 하고 다녀 이제는 몸의 일부가 돼버린 엄마가 사준 목걸이를 하고 다닌다. 우리가 둘이 살게 되었을 때 "건강하라"며 옥 목걸이를 선물하신 엄마…….

엄마도 액세서리를 즐겨 하지는 않았었다. 자신보다 자식 생각이 늘 앞섰던 그 연배의 우리 어머니들처럼 엄마도 그랬었다. 그러던 엄마가 목걸이를 열심히 하고 다닌 것은 아버지께 엄마의 종교가 담긴 금목걸이를 선물 받고 나서부터였다. 언뜻 보면 나치를 상징하는 이니셜 같기도 한 그 목걸이를 하고 미국에 갔을 때 미국인 형부는, 과격한 사람들이 어떤 무서운 짓을 할지도 모르니 사람 많은 곳에서는 남들에게 보이지 않게 안으로 집어넣는 게 좋겠다고 했었다.

아버지가 먼저 떠나시고 엄마는 아버지를 본 듯 목걸이를 애지중지했었다. 아버지 마지막 선물이라며 검정 구두를 낡아 못 신게 될 때까지 꺼내보곤 했던 마음으로……. 결국 그 구두는 태워져서 엄마와 함께 떠났지만 엄마의 목걸이는 내게 남아 엄마의 마음을 전하고 있다.

벌써 2년이 다 돼 가고 있지만 그렇게 아끼던 목걸이를 내게 주며 "네가 잘 가지고 있으라."고 했던 밤이 아직도 생생하게 기억이 난다. 여든이 넘으면서 얄미울 정도로 주변 정리를 깨끗이 해 나가신 엄마가 마지막으로 손에서 놓은 건 바로 그 목걸이였다. 옷이며 이부자리며 하나하나 주변 사람들에게 나누어줄 때도 전혀 눈치채지 못했던 나는 가장 아끼는 목걸이를 전해 받으며 조금은 이상한 마음이 들어 늘 그렇듯이 또 퉁명을 떨었지만 그것도 잠시였다. 그저 가진 물건 정리하는 거라고만 생각했었다. 그것이 엄마와의 영원한 이별을 예고하는 것이었다면 아마 난 절대 받지 않았을 거다.

53×53(cm) watercolor on arches

내가 몸처럼 하고 다니는 하트 모양의 옥 목걸이와 엄마의 불교 목걸이……. 앞으로도 오랜 세월 나와 함께 하다가 어느 순간 이별을 할 테지. 누가 그 목걸이들의 주인이 될까?

큰 값 나가지 않는 목걸이……. 아마도 태워 재가 되어 영원히 나와 함께이리라는 생각은 너무 이른 것일까?

새벽길

새벽에 길을 나섰다.
늘 밀리는 서해안 고속도로이지만 새벽에는 뻥 뚫려 있다.
혼자 가는 길엔 항상 상념이 동반한다.

새벽기차를 타고 통학하던 중학교 때 새벽밥을 해 주던 어머니.
운전면허를 처음 따고 회사 출근 전 도로연수하며 마시던
서오릉의 커피 향.
이제는 모두 무뎌져 버린 발음이지만 세계화에 발맞춰
영어회화학원 다니며 맞던 새벽 바람.
강의 시간보다 오가는 것이 더 많이 걸린 대학에 출강할 때
볼륨을 높이고 듣던 새벽의 노래들.
그리고…….
2달여 다니던 10년 전 중환자실의 새벽 면회.
해마다 가을이 시작되면 새벽의 기억들로 나는 열병을 앓는다.

사랑은 치사랑보다 내리사랑이다.
내가 요즘 사랑하는 사람들.
새벽밥을 지어주시던 어머니와 중환자실 환자이시던 아버지.
그들과의 헤어짐 이후 더 마음이 가는 나의 내리사랑.
아버지는 말하셨다.
"너희들 부탁이라면 내가 뭐든 탕장('당장' 을
아버지 특유의 발음으로 강하게) 해 주잖아."라고…….

요즘의 내가 그렇다.
내 하나뿐인 내리사랑 남동생의 부탁이라면
뭐든 해 주려고 노력한다.

27.3×22(cm) watercolor on arches

"형니~임! 금, 토요일 아이와 함께 있어주심 안 돼요?"
이번엔 올케의 부탁이다.
주말 까지 끝내야 할 일이 있어 상당히 무리이긴 하지만
거절하지 못하고 이렇게 차 없는 새벽에 길을 나섰다.

뻥 뚫린 새벽길을 달리며 짐이 되기보다 힘이 될 수 있기를 다짐한다.

처음 만든 닭도리탕

닭도리탕을 처음 만들었다.

며칠 전 큰언니가 농장에서 재배한 무공해 야채를 주며 끓여먹으라고 한 것을 원래는 백숙을 만들려고 했지만 통마늘이 없어서 고추장과 찧은 마늘을 넣고 닭도리탕을 끓였다.

여름이 시작되면 엄마는 인삼과 찹쌀을 넣어 삼계탕을 자주 만들어 주셨었다. 하는 일도 없이 바삐 보내버린 올여름……. 그 잘 먹던 삼계탕 한 그릇도 못 먹고 지냈다. 처음 만든 것 치고는 꽤 잘 된 것 같았다. 맛이 제법 있었는데 작은 닭이었지만 양이 너무 많아서 조금 먹고는 냉장고에 넣어두었다. 며칠 먹고 나면 다음에는 엄마처럼 백숙을 끓여야겠다.

아버지가 지방 근무하실 때 방학이면 공짜 기차를 타고 찾아간 기억이 있다. 돌아오는 길, 엄마는 야채며 과일이며 보따리에 이것저것 챙겨 주셨었다.

처음 만났을 때 20대 후반이었던 큰 형부는 이제 60이 넘어 그때의 아버지 보다 더 나이 든 모습이었는데 무공해 야채라며 호박, 깻잎, 가지 등을 요리법까지 알려주며 한 아름 싸준다. 직종은 다르지만 아버지처럼 평생을 한길로 달려온 형부 내외는 아이들 모두 출가시키고 요즘은 손주들 보는 낙에 시간 가는 줄 모른다고 한다. 그들을 보며 우리 부모님을 기억해낸다. 그것이 사람 한 평생 살아가는 가장 자연스럽고 평범한, 그리고 행복한 모습 아닐까?

닭도리탕을 먹으며 또 나는 생각에 잠긴다.

분리수거

우리나라도 언제부터인가 쓰레기를 종류별로 나누어 버리는 분리수거를 하게 되었다. 세금에는 오물세도 있는 걸로 아는데 왜 주민 스스로 이것저것 분류해서 버려야 할까 불만이긴 하지만 정부의 시책이니 어쩌랴.

예전 부모님 계실 때는 병도 종이도 쓰레기통 하나에 다 쑤셔 넣었는데 아버진 내가 아무렇게나 버린 쓰레기들을 다시 정리하곤 하셨다. 쓰레기통을 뒤져대는 아버지 모습이 참 싫어 퉁명을 부리곤 했었는데 재활용되는 것이 돈 주고 산 쓰레기봉지 속에 들어있는 것을 보면 집 밖에서도 재활용 쪽으로 슬그머니 옮겨놓는 등 쓰레기를 분리하며 요즘 내가 그 모습을 하고 있는 걸 느끼면서 또 부모님을 떠올린다. 지금 곁에 계시면 분리 수거도 잘 해 드릴 수 있는데…….

언제부터인가는 음식물도 분리수거 대상이 되었고 음식물 찌꺼기를 모았다 버리는 일은 집집마다 가장 싫어하는 일이라고 한다.

얼마 전, 분리수거하는 수고를 들이지 않고 싱크대에서 바로 처리가 가능한 음식물 쓰레기 처리 기술이 국내에서 개발되었다고 매스컴에서 떠들어댔다. 지저분한 음식물 찌꺼기를 이리저리 들고 다니지 않아도 되게끔 편리하고 위생적이면서 많은 에너지가 필요하지 않고 친환경적이어서 경제적 효과까지 얻을 수 있는 방법이라고 한다.

가장 싫은 일이 음식물 쓰레기 버리는 일이라는 막내 올케에게 좋은 소식이란 생각을 하며 인간쓰레기들을 힘 들이지 않고 분리수거하는 방법을 누가 좀 개발해내면 좋겠단 생각이 들었다.

24×18(cm) oil on canvas

목소리

전화기를 통해 들려오는 목소리……. 예전처럼 대가족제도가 아니어서 요즘은 가족의 목소리도 전화기를 통해 듣는 경우가 많다. 공통주제가 있으면 더 많이 전화를 하게 된다.

요즘 막내와 하루에도 몇 번씩 전화를 하고 있는데 난 딸 중 막내지만, 그 녀석은 오리지널 막내라 주는 사랑보다 받는 사랑에 익숙해서 자기가 필요하니 나를 찾는 거겠지만 그런 거 알면서도 난 우리 대에서는 하나뿐인 내리사랑을 하게 된다.

언젠가 산울림소극장에서 장 꼭도 원작의 윤석화 일인극 '목소리'를 본 적이 있다. 처음부터 끝까지 전화기를 붙들고 그 속에서 흘러나오는 목소리와 대화하는 여인의 사랑 타령이었다.

그녀의 전화 목소리 대신 나는 예전의 엄마가 그랬듯 집에 있을 땐 TV를 켜고 다양한 목소리와 만난다. 안 보면서도 틀어놓는 것 같아 못마땅할 때도 있었는데 왜 그랬는지 이유를 안 것은 엄마와 헤어지고도 한참 뒤의 일이다.

언제나 듣고 싶은 목소리가 있고 짜증나는 목소리가 있다. 꼭 한 번 다시 듣고 싶은 목소리가 있고 다시는 듣지 말았으면 하는 목소리가 있다. 나도 언제나 듣고 싶은 목소리로 살아얄 텐데…….

외사촌 언니

강원도에 사는 외사촌 언니가 왔다. 어제 전화가 왔기에 오늘은 꼭 만나기로 약속했는데 그만 내가 외출을 해버리고 말았다. 외부에서 작업하고 있었는데 그리로 오라고 하니 두말 않고 얼른 달려와 일 끝날 때까지 어둠이 내리도록 기다려 주었다. 오랜만에 만난 언니에게 너무 미안했다.

엄마가 딸보다 더 자주 전화한다고 하던……. 김치와 손수 첫 농사 지은 콩 등을 보내준……. 그 언니다. 내게도 친 동기간보다 더 자주 전화 주는 그런 언니다. 너무 오랜 시간 기다리게 한 것 같아 미안했는데 싫은 내색 하나 없다. 엄마와의 추억을 또 이야기하고……. 이젠 울지 않고도 이야기 할 정도의 세월이 흘렀다.

"다 했다!" 하니 "내가 저녁 사 줄게 가자." 하기에 "아냐, 언니. 오늘은 내가 살게." 하고 "뭐 먹을래? 고기 먹을까?" 했더니 별로 먹고 싶지도 않아 간단히 먹자고 하기에 엄마랑도 간 적이 있는 곳으로 갔다. 갈비탕과 설렁탕을 각각 하나씩 시켜 먹고 집으로 왔다.

어느새 9시가 되어 있었다. 요즘 무리를 해서인지 허리도 아프고 무릎도 아파서 오랜만에 만난 언니에게 '에고에고' 소리를 마구 해댔다. 언니는 앉아 있고 나는 누웠다. 자고 가라고 해도 조카들 있는 자기 동생 집으로 갈 테지만, 오늘은 내가 너무 힘들어서 자고 가란 말도 못했다. 내일이나 모레 내려간다고 하니 날 새면 전화나 한 번 해야겠다.

잘 생기고 똑똑한 아버지 일찍 여의고 집안 고생 도맡아 한 언니가 어느새 65살이란다. 어떤 어려움에도 낙천적으로 대처하는 언니의 말년이 웃음 가득한 날들이 되길 빌어본다.

영정(影幀)

사람의 얼굴을 찍은 사진을 영정이라고 한다.
돌아가신 분의 사진을 말할 때 주로 쓴다.
내가 처음 본 우리 가족의 영정은 할머니였다.
꼬부랑 할머니였지만 꽤 미모가 있으셨는데
흑백사진 속의 할머니를 보고 있자니 눈물이 절로 나왔다.
그리고 또 만난 영정이 아버지였다.
갑자기 우리 곁을 떠나신 아버지의 영정은
우리가 살던 아파트 앞의 사진관에서 내가 만들었다.
미국여행 가실 때 찍은
여권용 사진을 확대하여 만든 영정 속 아버지를 보고
엄마는 아버지의 가장 슬픈 모습이라고 했다.
그래서인지 엄마는 옥색 한복 곱게 입은 사진으로
미리 영정을 만들어 두셨다.
뿐만 아니라 수의도 가끔 꺼내 손질한 듯
나중에 보니 각각의 명칭이 다 써 있어
우리가 쉽게 찾을 수 있었다.

어떤 모습이든 영정 속 모습은 슬프다.
웃고 있는 여가수의 모습도 슬펐었고
언제나 웃음을 선사하는 코미디언의 모습도 슬펐었다.
앞으로 얼마나 많은 영정과 만나게 될지 모르겠지만
그때마다 그것은 내게 슬픔으로 다가오겠지.

자기의 자식에 대하여 아는 아버지는 슬기롭다. – 세익스피어

먼 옛날 아버지가 그러셨듯

하늘 천~ 따 지~

먼 옛날 선친(先親)이 그러셨듯 그 연배가 돼 버린 동생이 초등 6학년 아들에게 천자문을 가르치는 소리에 잠이 깼다.

초등학교에서 중학생으로 넘어가는 시기인 겨울방학…….

정말 잘 보내야 한다는 것을 6학년 되면서부터 귀에 못이 박히도록 들은 조카는 요즘 아빠가 짜 놓은 시간표에 맞춰 생활하느라 방학인지 아닌지 헷갈릴 정도다.

수학기초, 영어, 한문, 독서에다 중학교 가면 미술시간에 데생이나 수채화를 하니 방학 중에 어느 정도 하려고 미술학원도 가고 휴식시간에는 "아빠, 수업 끝났으니 30분간 게임해도 되죠?"라며 컴퓨터로 달려와 게임을 하고……. 뿐만 아니라 담임선생님께서 내주신 숙제도 열심히 한다. 다른 친구에게 전화를 하다 "이제 졸업인데 숙제는 무슨……."이란 말을 들었는지 지엄마한테 "엄마, 안 해도 돼요?"라고 묻는다. 그 숙제란 건 하루 10분간 집안 식구들끼리 한 주제를 가지고 대화를 하고 그것을 기록하여 오라는 것인데 북아트로 꾸며서 아주 잘 써나가고 있다.

나도 초등학교를 마치면서 아버지께 천자문을 배웠다. 수학을 잘하신 아버지는 수학을 가르쳐주시기도 했다. "아이들 천자문 가르쳐 보면 누가 머리가 더 좋은지 안다."고 말씀하시던 아버지처럼 오빠도 남동생도 조카들에게 시간표를 짜고 함께 공부하는 걸 보니 참 좋다.

오늘따라 천자문 가르쳐 주시던 아버지가 유난히 그립다.

동생네 가족

"반찬 짱 맛있었어요.
얘기 듣던 것과는 다르게 더 먹고 싶으면 더 먹어도 돼요.
영양사 선생님이 인기 있는 반찬 가지고 다니면서
더 먹을 사람 더 먹으라 해서 많이 먹었어요."
중학교에 들어간 녀석은 새로운 분위기의 학교 자랑에
여념이 없다.
각자의 컴퓨터에 앉은 아빠와 엄마는 아이를 바라보고
"응, 그랬어? 잘했어."라며 맞장구를 쳐준다.
두 사람은 새 프로젝트를 위한 리포트를 작성하느라 정신이 없다.
거의 완성이 되어 프린트를 해 보고는
서로 의견을 교환하며 고치고 하는 모습이 무척 아름다워 보인다.
식구는 셋이지만 컴퓨터는 넷이면서
서로 네트워크로 연결되어 마치 사무실 같은 분위기의 집…….
게임으로 인해 컴퓨터를 많이 알게 된 녀석은
"아빠 네트워크에 넣었어요. 엄마 프린터로 보냈어요."라고
한 쌈에 끼어든다.

휴일 저녁 동생네 가족의 풍경이다.

이것이 가족이란 이름의 그림이구나 느끼며 이방인처럼 나는
"만약 어려운 일에 처했을 때 저들은 나를 구출할까?
아님 사업 파트너를 구출할까?"하는
쌩뚱 맞은 생각으로 갑자기 시니컬해진다.

한밤의 데이트

요즘 밤 9시가 되면 MSN를 통해 미국에 다니러 간 셋째 언니를 만난다. 언니는, 유학중인 큰 아들에게 맛난 것 해 먹이라는 형부의 권유로 3월에 오하이오주의 Columbus에 갔다. 그곳은 아침 8시지만 한두 시간 이야기 나누다 보면 이곳에선 한밤이 된다. 이렇게 '한밤의 데이트'를 시작한 지도 한 달이 넘었다.

오늘은 서울 있는 조카와 울산 있는 넷째 언니도 나와 4자 대화를 했다. 어느새 다 커 버려 진로를 고민하는 두 조카……. 경영학을 공부하는 서울의 조카는 한 학기 남은 학부를 끝내고 대학원을 끝내고 박사까지 해야 할까 취업을 할까 심히 고민 중이라기에 공부하는 거 좋아하는 우리 세 자매는 하는 김에 박사까지 하라고 부추기며 성 뒤에 박사라는 의미를 줄여 부르는 박을 붙이며 장난을 쳤다.

조카의 성은 송…….

"송박 괜찮다. 해라."

"주박이나 박박보다 낫잖아?"

"피박이나 천박도 글타……."

"골박두 웃기네? 방박두……. 마박두 데따 웃겨. 마빡 아냐?"

"같이 수업 듣는 형 중에 부박두 있어요."

12시를 넘기고 1시가 되어가자 하나둘 "빠이~"를 외치며 사라졌다. 내일 또 만나기를 약속하며…….

PS. 특정 성씨를 지칭해 죄송합니다. 그저 웃자고 해본 이야기입니다.

그저 바라볼 수만 있어도 좋은

언제부터인가 산은 내게 있어 그저 바라볼 수만 있어도 좋은 곳이 되어 버렸다. 20대에는 비 오는 밤에도 산을 찾았고 학교 축제 때도 산에서 'Alpine school'을 하며 보냈었는데 이젠 스키나 자전거, 인라인 스케이트처럼 할 수 없는 일 중의 하나가 되어 버렸다. 하지만 부모님께서 물려주신 긍정적 사고로 인해 할 수 없는 것보다 할 수 있는 것이 더 많음에 감사함을 느끼고 있다.

여름의 녹음 우거진 신록보다 이맘때의 푸르름을 더 사랑하셨던 엄마가 좋아하는 색으로 어느새 변해버린 나무들을 보며 대자연의 신비에 다시 한 번 감탄했다.

나목을 본 것이 언제였던가 싶게 모두 다른 색의 옷으로 갈아입은 나무들 사이로 암벽이 보인다. 어디쯤 내 고운 20대의 추억이 숨어 있을까 자꾸 바라본다.

도시 가까이에서 산을 만날 수 있는 나라는 그리 흔하지 않다. 그런 면에서 우린 축복 받은 민족이다. 산을 오르진 못하더라도 바라볼 수만 있어도 난 산을 계속 사랑할 것이다.

비 온 뒤 불어난 구기동 계곡의 맑은 물소리를 들으며 이렇게 가까이에서 산을 바라볼 수 있어 참 좋다는 생각을 했다.

우리가 부모가 됐을 때 비로소 부모가 베푸는 사랑의 고마움이 어떤 것인지 절실히 깨달을 수 있다. – 헨리 워드 비처

자식이 효도하면 어버이는 즐겁고, 집안이 화목하면
모든 일이 이루어진다. – 명심보감

41×27.3(cm) watercolor on arches

나눔

아침 햇살이 눈부신 전형적인 가을 날씨다.

하늘이 높고 말이 살찐다는 계절, 가을이 아프게 느껴진 것은 부모님을 가을에 떠나보낸 후부터이다. 그때부터 나는 가을이 시작되면 열병처럼 계절병을 앓게 되었다. 식욕도 없어지고 모든 것이 정지된 듯한 무기력함이 한동안 내 곁을 맴돌곤 한다. 그럴 때마다 나를 다시 일깨워주는 건 부모님의 사랑이다.

아버지의 직장 관계로 일찍부터 고향을 떠나 서울에 정착하게 된 우리 식구는 할머니를 포함해 모두 열 명이었다. 공무원 아버지의 박봉으로 열 식구가 먹고 사는 것도 빠듯했던 시절, 시골에서 서울로 오는 친척들에게 잠자리와 음식을 제공해 주셨던 부모님을 어렸을 때는 못마땅하게 생각하기도 했었다.

하지만 자식은 부모를 알게 모르게 닮아가는 모양이다. 건강하고 가진 것이 많았을 때의 나 역시 나누는 삶에 인색했던 기억이지만, 매달 병원을 찾는 환자가 되면서부터 주위의 아픈 사람, 없는 사람을 의식하게 되었다. 동네 복지관에서 영세민 아동을 위해 자원봉사를 시작한 것도 건강할 땐 생각하지 못했던 일이었다. 내가 아프니까 "저 사람은 얼마나 힘들까?"라고 한 번 더 생각하고 양보하게 된다.

넉넉하지 않은 살림이지만 평생 모은 돈을 어려운 이웃에게 모두 기부하고 떠나는 김밥 할머니. 죽은 뒤에 신체를 의학도들의 연구용으로 기부하는 사람들. 장애를 가졌으면서도 더 어려운 이웃을 위해 봉사하는 사람들.

'기쁨은 나누면 두 배가 되고 슬픔은 나누면 반이 된다.'고 한다.

이 맑은 가을 하늘이 세상 모두에게 같은 모습으로 보일 수 있으려면 좀 더 가진 사람들부터 더 많이 나눔의 삶을 살아야 할 것이

72.7×53(cm) watercolor on arches

제일 안전한 피난처는 어머니의 품속이다. - 풀로리앙

다. 거창하게 사회사업이나 복지관 건립 등을 말하는 건 아니다. 봉사하는 사람들은 하나같이 남에게 사랑을 베풀면서 스스로 마음의 평안을 찾는다고 한다.

아직 피부로 느낄 만큼의 많은 나눔을 행하지는 않았지만 조금의 경험으로 나도 그걸 깨닫는다. 더 큰 마음의 평안을 얻기 위해 부모님처럼, 재산이나 신체를 모두 기부하고 떠난 익명의 사람들처럼 나도 이제부터는 더 많은 나눔의 삶을 살아야겠다.

세상 모든 사람들이 맑고 푸른 가을 하늘을 한마음으로 바라볼 수 있는 그날까지…….

교외선 열차

앞산 풀냄새가 더욱 코끝을 자극하는 이슬 내린 아침이다. 습관처럼 배낭을 메고 모자를 집어든 나는 가까운 기차역으로 나간다. 특별한 약속이 없는 오늘 같은 날, 나는 기차 타기를 좋아한다. 많은 시간 할애하지 않아도 복잡한 도시 서울을 떠나 여러 가지를 생각할 수 있는 혼자만의 시간을 언제부터인가 즐기게 되었다. 아니 태어나면서부터 나는 기차와 인연을 맺은 것일지도 모른다는 생각을 해본다.

안동이 고향인 나는 우유병을 입에 문 채 기차를 타고 서울로 올라왔다니 말이다. 철도청 공무원이셨던 아버지의 덕에 어느 기차건 무임승차를 할 수 있었지만 아버지 직장 때문에 교외선 열차가 지나는 역 중의 하나인 수색에 살았던 탓에 특히 교외선 열차를 애용했던 기억이다.

버스 노선이 많지 않았던 중학교 때는 수색에서 신촌까지 기차 통학을 했다. 신촌역에서 버스로 갈아타고 합정동에 있는 학교에 다니기를 3년여 했다. 뿐만 아니라 여행을 좋아하셨던 아버지는 가족과 함께 여행을 자주 하셨고 그때마다 물론 기차를 이용했었다. 교외선 열차가 정차하는 일영, 송추 등이 우리의 단골 여행지였다. 유년시절 기차 여행은 내 마음의 풍요로움을 싹틔워 준 아주 고마운 존재여서 두고두고 아버지께 감사드린다. 그런 아버지를 요즘은 마음으로만 만날 수 있다는 것이 내겐 큰 아픔이기도 하다.

교외선 열차에 얽힌 이런저런 생각을 하는 동안 기차는 어느새 금촌역에 도착해 있었다. 교외선 열차의 끝자락 금촌의 낙원공원묘지에 아버지가 계신다. 주로 승용차를 이용해 산소 앞까지 가는 편이지만 때로는 차가 없던 시절 아버지와 함께 가던 공원묘지를 추억하며 오늘처럼 기차역에서 먼 길 걸어 들어가는 걸 즐겨한다. 기차로 가는 짧지 않은 시간 동안 참 많은 생각을 하게 되고 산소를 향해 올라가는 길가의 풀잎과 나무들은 옛이야기를 기억나게 하여 가끔은 기차 여행을 고집하기도 한다. 현재와 과거를 이어주는 매개체 역할을 하는 이 기차 여행을 여건이 허락하는 한 나는 계속할 것이다.

얼마 전 남북열차의 시승식이 있었는데 언제일지는 모르지만 가까운 장래에 끊어진 철도가 개통되면 평양을 거쳐 중국까지 교외선 열차를 타고 여행할 날이 올 것이다.

서울에서 아침을 먹고 떠나 기차에서 점심을 먹고 평양 관광 후 서울로 다시 돌아오거나 중국의 어느 도시에서 저녁을 먹고 내친 김에 시베리아 횡단 열차까지 탄다면……. 시간이 더 넉넉한 날엔 유럽 여행까지 기차로 마치고 돌아올 수도 있겠지.

산소에 막걸리를 뿌리고, 돌아갈 기차의 플랫폼을 향해 바쁜 발걸음을 옮기며 나는 또 아버지의 사랑이 깃든 내 유년시절을 기억하며 떠날 다음 기차 여행을 계획한다.

33.3×24.2(cm) watercolor on arches

쉼표

오늘 따라 하늘이 유난히 푸르다.

가을바람이 조금 쌀쌀한 느낌을 주긴 하지만 간간이 스며드는 따뜻한 햇살은 찬바람을 잠재워 주기에 충분하다. 비둘기가 떼 지어 날아다니는 공원 벤치에 앉아 지난 시간들을 추억해본다.

봄, 여름, 가을, 겨울……. 자연에도 사계(四季)가 있듯 우리 삶에도 네 단계가 뚜렷이 있다.

꽃 피는 봄이 있는가 하면 덥고 지쳐 땀 흘리는 여름이 있고 풍성한 열매를 맺는 가을과 눈보라 몰아치는 매서운 겨울이 있다.

가을에 태어나서일까 사계절 중 나는 유독 가을을 좋아하여 풍요로운 누런 가을 들판을 가로질러 달리는 기차로 여행하기를 즐긴다. 색색으로 물든 가을 단풍 아래 책을 읽거나 사색하기를 좋아한다. 하지만 인생에서의 가을이라 할 수 있는 지금의 나를, 내가 좋아하는 가을처럼 좋아하지는 않는다.

자꾸 어린 시절을 뒤돌아보고 즐거웠던 학창시절을 생각하곤 한다. 과거에 집착하여 머물러만 있는 인간은 발전 가능성이 없다고 하는데…….

봄바람 훈훈하게 불고 아름다운 꽃들이 만발한 봄처럼 내 유년시절도 자식이라면 모든 희생 감수하셨던 부모님의 사랑과 관심으로 무척 풍요로웠었다. 일곱 남매 교육을 지상 최대의 목표로 삼으셨던 부모님 탓에 오빠나 언니들처럼 나도 당연히 학사모를 쓸 수 있었고, 전공을 살린 직업으로 정말 열심히 일했다. 쉼 없이 하는 일은 바삐 돌아가는 기계장치가 고장을 일으키듯 내 몸에도 이상을 가져왔고 나는 오래 다니던 회사를 그만두었다.

이것이 내 삶에서 처음 가져보는 쉼표인 셈이다. 처음엔 건강하지 못한 내가 참 싫었다. '아프지 않았다면…….' 이란 생각을 매 시

내 목숨이 있는 동안은 자식의 몸을 대신하기 바라고
죽은 뒤에는 자식의 몸을 지키기 바란다. – 불경

간하는 난 부정적 인간형이 돼가고 있었다. 그러나 긍정적 사고를 물려주신 부모님의 가르침은 나의 아픔으로 인해 주변의 아픈 사람들, 나보다 못한 사람들을 돌아보게 하였다.

시간이 많은 요즘 나는 여러 움직임을 생각하며 쉬어가면서도 머물러 있지 않은 삶을 살아가려 한다. 이번 주 내내 아파트 게시판에 붙어 있는 '차량 봉사 하실 분 구합니다' 라는 문구가 머릿속을 자꾸 맴돈다. 20년 가까이 해온 나의 운전 실력으로 길지 않은 시간 운전 봉사 정도는 가능하리라는 생각이 든다. 내일은 관리사무소에 찾아가서 자원봉사 신청을 해야겠다.

봉사활동은 남을 위한 것이 아니라 나 자신을 위한 것이라는 생각이 지배적이다. 봉사하는 사람은 받는 사람 보다 더 큰 것을 얻을 수 있기 때문이다.

공원 벤치를 비추던 햇살도 잠시 숨어버리고, 파드득 날갯짓하며 날던 비둘기 떼들도 제각기 나뭇가지에 앉아 휴식을 취하고 있다.

세상 모든 것에 이렇게 쉼표가 필요하듯 인생에서의 쉼표는 정말 없어서는 안 되는 것 중 하나이다. 앞만 보고 달리는 사람들은 다른 것을 돌아볼 여유가 없다. 가끔은 쉬어가며 곁눈질도 해야 한다. 나이 오십이 넘어 한번 찍어본 이 인생의 쉼표가 내겐 큰 의미를 가져다 주리라 믿는다.

'전화위복' 이란 말처럼 육체의 병이 내 정신의 풍요로움을 가져다 주기를 희망한다.

쉼표 없는 삶을 살았더라면 느끼지 못했을 많은 것들을 인생의 가을에 경험하고 싶다. 언제가 될지 모르는 내 삶의 늦겨울이 눈보라와 세찬 바람으로 힘들지 않고 포근하고 새하얀 눈송이 소복이 쌓이는 아름다운 겨울로 마침표를 찍을 수 있도록…….

30×30(cm) watercolor on arches

어느 봄날

언제부터인가 시간이 부족할 때는 먹는 시간을 줄이게 되었다.

아침 일찍 자유로 끝에 있는 인쇄소에 다녀왔다. 태양은 눈부시고 바람도 훈훈하다. 엄마가 있었으면 드라이브 함께 하는 것 좋아하여 따라나섰을 텐데…….

길치였던 내 차를 타고 아무리 돌아도 싫은 내색 하나 없던 엄마가 봄꽃이 화사한 오늘 같은 날이면 더욱 그립다.

계단 오르내리기가 힘들어 집에 한번 들어가면 나가지 않던 때가 있었다. 나를 위해 2층에 엘리베이터를 서게 해준 아파트 경비아저씨 덕에 하루에도 몇 번씩 집을 들락날락 할 수가 있다. 낮에 집에 들르면 무척 좋아하던 엄마를 생각하며 오늘은 집 주위를 여러 번 돌게 되었다.

아기를 데리고 영어회화를 배우러 오는 새댁과 나란히 영어책을 옆구리에 끼고 등장하는 노부부의 모습이 더욱 사랑스럽다. 우릴 위해 먼 길 달려오시는 퇴직 영어선생님도 고맙다. 노령인구가 늘어나면서 구마다 주민자치센터에 강의실을 마련하여 이런저런 프로그램을 운영하는 것은 참 잘하는 일이라 생각한다.

10분쯤 일찍 일어선 나는 동네 이비인후과를 찾았다. 얼마 전 걸린 감기는 초기에 잡았나 싶었는데 어느 사이엔가 또 다시 감기에 걸렸기 때문이다. 진료를 받고 약을 타고……. 병원이 있는 상가 주차장의 흰 선이 몇 개 더 늘었다. 세 군데를 들렀는데도 정오 밖에 안 되었다.

오늘은 사무실 사람들이 산에 간다고 했는데 느지막이 산길을 차로 오르다 애견 샤니와 함께 가는 자매를 만났다. 북한산이 집인 그들은 날씨가 너무 좋아 어디론가 갈 계획으로 나왔다 한다. 경복궁이나 창덕궁이 어떻겠냐고 조언해 주었다.

잎 벗은 나무들 사이로 개나리와 진달래가 언뜻언뜻 보인다. 유년시절 살던 집 담장 역할을 하던 측백나무와 개나리꽃을 나는 사랑한다. 그래서일까? 엄마도 개나리를 무척 좋아하여 거실 꽃병에 남대문시장에서 사온 종이 개나리꽃을 꽂아두었는데 엄마 떠난 지 여러 해가 지났는데도 아직 난 그걸 버리지 못하고 있다.

대여섯이 모여 수다를 떠는 아주머니들……. 아침에 만난 사람들과 너무 대조적이다. 힘들게 벌어온 남편의 월급으로 비생산적 활동을 하는 여자들이 곳곳에 참 많기도 하다. 시끄러운 수다가 아름다운 자연을 해친다는 생각을 할 때쯤 등산을 마친 일행이 내려왔다. 산행을 함께 하진 못했지만 이십대에 오르던 그 산길을 떠올리며 그저 바라볼 수만 있어도 좋은 북한산 내음을 맡으며 오랜만에 먹는 훈제오리가 참 맛나다는 생각을 했다.

– 아버지, 엄마 결혼기념일인 4월 첫날 오후 1시
북한산 '옛골토성' 에서…….

작은 행복

CD Player가 고장 난 채 '새 것을 사야지.' 하며 보낸 세월이 꽤 된다. 인간 내비게이션이라 자부하며 이리저리 다녔었는데 내비게이션이 하나 있어야겠다는 생각을 운전 횟수가 많아지면서 하게 되었다.

기종 선택을 못 하고 있던 어느 날, 동생네 갔다가 생일도 아니었는데 내비게이션을 선물받게 되었고 내비게이션에 연결된 4G USB를 통해 mp3를 수 백 곡이나 담을 수 있게 되었다. 부모님을 닮아 음악을 좋아하는 난 차 안에서 음악 듣기를 무척 좋아한다.

비 오는 거리를, 햇볕 내리쬐는 거리를 음악과 함께 지날 때 작은 행복을 느낀다. 음치면 어떠랴? 자동차 스피커를 통해 나오는 음악 소리에 내 목소리를 보태도 보고……. 새벽 공기를 마시며 달리는 길이 더욱 좋다. 차창을 지나치는 모든 것들이 더불어 사랑스럽다. 세상 부러울 게 하나 없다.

지나치게 감격하는 걸 본 동생은 "뭘 그만 일에……."라고 하지만 하나밖에 없는 동생에겐 받기보다는 무엇이든 주고 싶은 마음이다.

"이 참에 차도 바꾸지?"라며 농을 거는 동생 옆에서 "돈 많이 벌어서 형님 차도 좋은 걸로 바꿔 주세요."라고 말하는 동생 댁의 말이 이쁘다.

그저 립 서비스로 그치는 말을 하는 그녀가 아니기에 차 선물을 받지 않아도 받은 것처럼 즐거운 날이었다.

내게 작은 행복을 선사한 동생에게서 새 차를 선물받지 않더라도 그들의 하는 일이 아주 잘 되어 대박 나기를 바라는 마음이다.

내비게이션을 선물받던 날…….

제비꽃

인터넷 카페를 열면 처음 들리는 노래 '제비꽃'…….
조동진의 노래를 듣고 있으면 참 오래 전
명동성모병원에 입원했던 기억이 난다.
사춘기 때 누구나 한번쯤 입원이란 걸 해 보고 싶어 하던 바람(?)이
사춘기를 한참 지나고 난 후 이루어졌다.
CD도 없고 mp3도 없던 그 시절, 녹음기에 녹음테이프를 넣어
조동진의 노래들을 많이 들었던 기억이다.
물리치료를 받으러 휠체어를 타고 건너편 건물로 갈 때나
볕을 쬐러 병원 앞마당에 나갈 때도 열심히 들었던 노래,
그 노래를 다시 들으며 그때 아버지의 모습을 떠올린다.
처음 병원에 입원하여 약 냄새 나는
병원 물을 먹을 수가 없다고 하니
아버지는 보리차를 끓여 주전자에 싸가지고 오셨다.
아버지뿐 아니라 아이 둘을 데리고 셋째언니는
내가 좋아하는 김밥과 잡채를 거의 매일 싸 왔고
엄마는 냄비를 들고 나가
내가 좋아하는 명동칼국수를 사다 날랐고
오빠는 앞마당에서 갈비를 구워 주었었다.
평상복으로 갈아입고 넷째언니와 함께
명동칼국수를 먹으러 갔던 것도 이제는 추억이 되었다.
가을이 시작되려는 고즈넉한 이 밤에
조동진의 '제비꽃' 을 듣고 있자니
그해 가을의 부모님과 가족들이 무척 그리워진다.

고맙다, Mappy~

아침부터 자유로를 달렸다. 어제 받은 SOS로 저녁에는 충무로에 갔었고……. 하지만 모든 일에는 삑사리가 있는 듯……. 스프링제본을 위한 타공을 하는데 6공 바인더에 맞게 하려면 그 바인더를 가지고 와야 한다는 거였다.

번득이는 아이디어로 어제 구멍 뚫을 부분을 팩스로 받길 잘했다. 하지만 6공 바인더가 있어야 더 정확하다는…….

아까 재단할 때도 세로 길이만 알고 가로 길이를 안 가르쳐주니 재단하는 분은 murmur……. 할 수 없이 전화해서 정확한 사이즈를 알려주니 금방 잘라 버린다. 타공도 금방…….

가는 시간과 기다리는 시간이 더 길었다. 모든 걸 끝내고 가장 싸고 빠른 방법으로 보낼 궁리를 하니 지하철 퀵이었다.

어제 알아놓은 사이트와 전화번호……. 전화를 걸어 좀더 저렴한 방법이 없을까 궁리하다 같은 1호선끼리니 신도림으로 갖다 주면 되지 싶어 신도림역에서 12시 반에 만나기로 했다. 내비 상으로는 12시쯤 도착하겠으나 언제든 여유시간이 필요하여 12시 반에 만나기로 했다.

지하철 퀵은 두 번째 이용하는 거다. 자유로를 다시 달려 신도림으로 갔다. 매피가 없었다면 헤매고도 남았겠지만 내겐 매피가 있기에 걱정 없다. 한 10분쯤의 여유가 있겠다 생각하는데 퀵 아저씨의 전화, 출구번호를 알려달란다.

'차 안에서 내가 그걸 어떻게 알아?'

하지만 때마침 차는 신도림역을 향해 진입하고 있었고 매피 화면에는 지하철 출구가 나타나고 있었다.

"캬! 2번 출구~"

그때 퀵 맨의 전화 "몇 번 출구죠?"

당당하게 "2번 출구요!!"라며 내 차 번호를 알려주었다.

53×45.5(cm) watercolor on arches

버스 승강장에 잠깐 정차하고 있으려니 퀵 맨이 다가온다. 이건 man 수준이 아니라 약간 연로하신 분인 걸 알고는 메모지까지 두 뭉탱이 보내려다 슬그머니 한 뭉탱이는 내려놓고 우선 급한 것만 보낸다. '가시는데 무겁지는 않으려나' 걱정하며…….

다음 목적지를 향해 돌아 나오는 나를 보며 또 인사를 하신다. 어제 인터넷에서 지하철 퀵을 검색하니 지하철 퀵 일자리를 구하는 사람과 물건 전달이 잘 안 됐을 때 피해보상 같은 얘기들이 나왔다. 고물가 불경기시대에 다리 품 팔아 열심히 일하려는 사람들이 다시 보인다. 그들이 연로했을 때는 더 그렇다.

암튼 매피 덕에 시행착오 없이 일을 끝내게 되어 감사한 하루였다.

2박 3일 그 긴박했던 순간들,
소중한 경험

2009년 4월 9일(목)

어젯밤부터 이상을 느낀 오른쪽 눈…….

인간의 시야가 정면 뿐 아니라 120도 정도는 보인다고 알고 있었는데 오른쪽 눈의 좌측 10~20도 정도가 꺼멓게 보이는 것이다.

안경 때문인가 생각하고 벗고 다시 해봐도 똑같다. 뭔가 이상이 있는 것을 느끼고 아침, 부랴부랴 병원으로 갔다.

경찰서 앞에 차를 세우고 갔는데 약을 넣고 동공을 확대하여 검사를 해야 하므로 시간도 걸리고 눈이 뿌얘져서 1~2일 정도 운전하기 힘들 거라고 차를 두고 오란다.

집으로 왔다.

대낮…….

대낮에 집에 들어오면 좋아하시던 엄마 생각도 나고 갑자기 뜨거운 눈물이 흐른다.

왜 이런 시련을 주는 것일까?

눈에 대해 인터넷 검색도 하며 뜸을 들이다가 3시쯤 병원에 도착했다. 검사를 끝낸 의사는 '망막박리' 라며 빨리 큰 병원에 가서 수술을 하란다. 오늘은 응급실로 들어가야 하니 내일 가라는 의사의 말을 나는 듣지 않았다. 한시라도 빨리 가야겠단 생각에 집으로 얼른 돌아와 입원 준비를 했다.

늘 다니던 병원이고 안과가 유명한 서울성모병원으로 결정하고 나니 응급실에서 밤을 세울 수도 있겠다 싶어 오빠에게 전화를 했다. 군의관 시절 동기인 친구가 그곳에 있으니 좀 도움이 될까 하여……. 망막은 급한 것이니 빨리 병원으로 가라고 했다. 며칠 집을 비울 테니 화분에 물을 주고 나서 택시를 타고 병원에 도착하니 6

시였고, 7시쯤에 놀란 오빠가 달려왔다.

여러 가지 검사를 하고, 퇴근하려는 망막 전문 박사님께 진료를 받았는데 내일 바로 수술하자고 했다. 10분 만에 끝나지만 80%의 성공률이 있는 가스로 하는 수술과 국소 마취나 전신 마취로 하는 수술이 있다고 하는데 전신 마취는 하고 싶지 않았다. 결정은 내일 하자고 하시며 왼쪽 눈을 움직이면 오른쪽에도 영향을 미치니 두 눈 다 감고 안정을 취하란다.

병실로 올라간 시간이 밤 10시…….

동생이 오고 그때까지 저녁도 못 먹은 오빠와 나는 빵과 우유로 저녁을 대신하고 오빠는 집으로 가고 여행 중인 셋째언니와 지방에 사는 넷째언니의 전화가 왔다.

2009년 4월 10일(금)

여러 가지 검사를 하고…….

인간의 신체는 얼마나 오묘한지 작은 눈 하나에도 시신경, 망막, 각막……. 정말 복잡하다.

그 모든 것들의 유기적 움직임으로 우리는 숨 쉬며 살아가는 것이다. 어느 것 하나도 소홀히 할 수 없는 우리의 신체 구조…….

밤새 병실을 지켜준 동생과 오후 2시, 수술실로 향했다.

아픈 거 잘 참는다고 했더니 부분 마취로 결정했다. 눈을 뜨고 눈 바로 아래에 큰 바늘로 마취를 할 때부터 겁나고 아팠지만 참았다. 이 수술을 전신 마취 하지 않고 하는 걸 처음 봤다는 레지던트…….

"너무 잘 참으시네요."

40여 분간의 수술이 끝나고 나오니 작은 올케가 동생과 함께 기다리고 있었다. 병실로 돌아와 쉬고 있자니 여고동창이 와서 이런 저런 이야기를 나누었다.

밤에 또 오빠가 왔다. 오늘 밤은 누가 병실을 지킬까 의논하는 그들에게 괜찮다고 모두 집으로 가라고 했다. 사실, 어제는 두 눈을 다 감고 있었지만 오늘은 수술도 끝나고 혼자서도 잘할 수 있으니 보호자가 필요 없으리란 생각이었다.

25.8×17.9(cm) oil on canvas

일찌감치 잠을 청하려는데 늘 바쁜 분이라 면회오실 줄 생각지도 못한 분이 면회를 오셨다. 너무 고마웠다.

2009년 4월 11일(토)

아침 진료 시 시력도 정상이고 수술이 너무 잘 되었다는 이야기와 함께 이젠 퇴원을 해도 되겠다는 이야길 들었다.

토요일이니 오늘쯤 병원에 와 보겠다는 새언니…….

울산에서 올라오겠다는 언니…….

몸이 아프면 여러 사람들을 힘들게 한다.

동네 병원에서 검사하기 전의 불안하고 슬프던 마음은 긍정적 사고를 물려주신 부모님 덕분에 어느새 편안한 마음으로 바뀌어 있었다.

"그래, 좀 쉬라고 이런 시련을 주는 걸 거야."라고…….

이제 더 많이, 건강을 생각하여 충분한 영양을 골고루 섭취하고 덜 피로하게 생활해야겠다는 소중한 경험을 안겨준 2박 3일이었다.

“피자가 추워” “돈 때려”

잘 도착했다고 사우디에서 전화가 왔다. 어제 새벽 인천공항에서의 이별로 우린 또 헤어져야만 했다. 십대에 만나 깊이 정들어버린 친구. 이렇게 서로 다른 길을 가리라고는 깔깔대며 떠들어대던 철부지 그때는 몰랐었다. 간호사가 되어 사우디로 떠난 후 그곳 의사와 결혼을 하여 잘 생긴 아들 둘과 남부럽지 않게 사는 친구의 모습이 그녀의 몸무게만큼이나 넉넉해 보여 좋았다.

우리말에 익숙지 않은 두 아들은 먹다 남긴 피자를 주자 “피자가 추워.”라며 먹기를 거절했고, 저희들끼리 막 다투기에 엄마가 때리려 했더니 “Don' t 때려.”라고 “돈을 왜 때려?”하며 해 막 웃었다.

여러 명이 타서 차가 비좁을 때면 “Very 좁아.”라며 투정을 하기도 하는 녀석들은 엄마를 닮아 정이 많다. 헤어질 땐 “아프지 말아요.”하며 뺨을 비벼대던 녀석들이 벌써 보고 싶다. 올 여름엔 자기집에 놀러오라는 친구의 말처럼 여름쯤엔 사우디에 가보고 싶다.

차문을 덜 닫아 다시 닫으라고 하니 작은 녀석이“엄마! 문 다시 닫아요. 엄마는 Everyday ‘다시 닫아’ 야.”라는 말을 해 우리 모두 웃었던 기억도 난다. 어린 시절을 보낸 삼청동 옛집을 찾아가 감회에 젖기도 하는 친구를 보며 내가 태어난 조국에 살고 있다는 것이 얼마나 복된 일인가 새삼 느꼈다. 남편은 국왕의 주치의인데 왕이 통치하는 그곳에는 왕을 위해 큰 병원이 존재할 정도라고 한다. 문화나 살아가는 모습이 우리의 옛날과 흡사한 것이 많다고 한다. 아이들 디카로 사진 찍은 것을 시디로 구워주었는데 학교에 가서 보여줄 수가 없으니 여자 들어간 것을 빼라고 했다. ‘남녀칠세부동석’ 같은 말이 아직도 통용되는 그런 나라이다. 보통 아이들이 일곱 여덟쯤은 되어 아들 둘 뿐인 친구는 식구가 무척 단출한 편이다. 늘 웃는 친구가 노모를 생각하며 울먹이는 것을 보곤 마음이 짠했었는데 친구의 어머니가 건강히 오래오래 사시면 참 좋겠다.

흰 눈 내리던 날의 이별

돌아오는 길, 내일을 약속하지 않았다. 내일은 그녀가 한국에 없기 때문이다. 그녀가 우리 곁에 온 28일 동안 우리는 거의 매일 만났다. 매일 밤 돌아오는 길에 우린 내일을 약속했다.

11월 11일 밤, 그녀는 서울에 도착했고 12일부터 우리는 만나기 시작했다. 35년 만에 만나는 친구들도 전혀 어색하지 않을 수 있었던 건 그녀의 천성적인 유머러스함이 한몫 톡톡히 한 탓이다.

72.7×53(cm)
watercolor
on arches

지금 그녀는 5분 후면 떠날 리야드 행 비행기에 앉아 때로는 웃음 짓고 또 때로는 눈물도 조금씩 흘리면서 우리와 함께한 날들을 추억하고 있을 것이다. 그녀와 함께한 많은 만남과 헤어짐의 반복 중 오늘이 유독 더 힘든 것은 펑펑 내린 흰 눈 탓만은 아닐 것이다.

한강유람선에서, 대학가 찻집에서 안면도의 바닷가와 콘도에서, 헤이리 예술인마을에서 백운호수의 음악 감상실에서 숯불 갈비집에서, 한정식 집에서, 갤러리 북 카페에서 찜질방에서…….

참 우린 많은 만남을 가졌었고 그때마다 다른 이야기들로 시간 가는 줄 몰랐었다. 여고시절 그랬던 것처럼 어제 만났다 헤어져 오늘 또다시 만난 것처럼 우리가 헤어져 지낸 시간 따윈 애초에 있지도 않은 듯했다. 어떤 얘길 해도 까르르 웃음이 터지는 우린 10대 소녀들 그 자체였다. 우리 마음은 물리적 나이인 50대가 아니라 우리가 처음 만난 10대 때 그대로였다. 얼마의 시간이 지나고 조금 더 나이 먹은 그녀와 우린 또 만날 테고 그때도 역시 10대 마음 그대로인 채 까르르 웃어댈 것이다.

눈은 이제 그쳤고 밤은 더욱 깊어간다. 지금이라도 그녀의 전화번호가 내 핸드폰에 뜰 것 같다. 하지만 오늘 그런 일은 일어나지 않을 것이다. 대신 집에 도착하자마자 전화를 할 것이고 밀린 글들을 읽겠지.

노트의 앞뒤를 나누어 글을 쓰던 여고 때처럼 온라인에서 다시 만날 때까지 그녀와 많은 이야길 나눌 생각이다.

빨간 지갑

크리스마스 선물을 이제야 받게 되었다.
2002년부턴가 써오던 검정 지갑이
맘에 안 들기 시작한 건 한참 전의 일이다.
"크리스마스에 뭘 받고 싶으세요?"라는 막내 올케의 물음에
잠시 생각하다 "지갑!"이라고 말했다.
물건에 괜한 의미를 부여하는 난,
떠난다는 생각을 하기 때문에
거울이나 신발 선물은 받지 않는 편이다.
검정 지갑도 호텔에서 무슨 국제행사를 하며 받은 선물이었는데
그 지갑을 가진 후로 지갑에 별로 돈이 안 쌓였다는 생각이 들어
지갑을 바꿔야겠다고 생각했었다.
빨간 지갑은 처음 가져본다.
주로 갈색이나 검정을 가졌었다.
빨간색이 예쁘기가 어려운데 정말 예쁜 빨강이었다.
모양도 good~ 색깔도 good~~~
보고 또 보고 자꾸 만져본다.
올해는 저 빨간 지갑에 두둑이 돈이 쌓여
어려운 사람들 그리고 내가 사랑하는 사람들에게
펑펑~ 나누어주면 좋겠다^^

저울의 한쪽 편에 세계를 실어놓고 다른 한쪽 편에 나의 어머니를 실어놓는다면, 세계의 편이 훨씬 가벼울 것이다. – 랑구랄

가족의 의미

원래 음력설을 쇠는데 갑자기 올해는 양력 1월 1일로 바뀌어 분당 가서 차례 지내고 왔다. 음력설이 토요일 껴서 휴일이 기니까 오빠네 식구는 딸 있는 밴쿠버에 다녀오려는지 갑자기 일정을 바꾸었다.

동생과 나는 투덜대며 갔지만 막상 얼굴 대하고 이런저런 얘기 나누니 그럴 수도 있겠단 생각이 든다. 조상님들도 이해해 주시리라 믿고…….

"아니 갑자기 왜 양력설을 쇠는 거야?" 했더니 "음력설이 중간에 껴서……."라며 말문을 흐리는 오빠…….

"캐나다 가려구?" 하니까 딸이 오지 말라고 한다는데 대학생 딸과 놀다 출근 시간까지 늦어지는 오빠가 과연 딸 말을 들을지…….

부모님 계실 때 명절로 인한 회사의 긴 연휴에는 어디론가 해외로 달아나곤 했던 기억이 새롭다.

아침점심을 먹고 어둠이 깔리려고 하는 때 일어서려니 이것저것 싸 주는 새언니……. 이런 것이 가족의 사랑이라 생각한다.

TV마다 연말 시상식에서 빼놓지 않고 하는 얘기…….

"사랑하는 가족께 감사드립니다."

사랑하는 가족, 그들이 있어 내가 있음을…….

부모를 사랑하는 사람은 남을 미워하지 않으며, 부모를 공경하는 사람은 남을 얕보지 않는다. – 불경

40.9×24.2(cm) watercolor on arches

또 하나의 탄생

60년 만에 돌아온 흑룡 띠의 해라고 방송에서 떠들어댄 지도 100여 일이 지났다. 작년 초 결혼을 하여 올봄 출산 예정인 넷째언니의 며느리도 이맘때쯤이 예정일이어서 흑룡 띠 손자를 보게 되었다고 언니 부부는 미리 즐거워하고 있었다.

질부는 예정일 날 정확하게 떡두꺼비 같은 아들을 낳았다. 성격 좋은 조카와 야무지고 당찬 아내……. 정말 잘 어울리는 한 쌍이다. 요즘은 양력생일을 지내긴 하지만 하루가 지나면 윤달로 바뀌는 터라 윤오월이 생일이어서 4년에 한 번씩 음력 생일을 맞는 언니는 여간 걱정이 아니었다.

그런데 바로 그 경계가 되는 날 건강한 사내아이를 출산한 것이다. 핸드폰으로 아가를 찍어 보내주어 멀리서도 잘 봤는데 질부에게 "애썼다!"라고 말해주었다.

하늘의 달과 별처럼 온 세상 밝게 비추라는 뜻으로 태명이 '달별이'인 녀석이 어떤 모습으로 커가게 될지 기대가 된다. 또 하나 새로운 생명의 탄생으로 흑룡 띠 할아버지 할머니는 더 바쁜 생활을 하게 될 테고……. 손자가 커가며 재롱떠는 모습을 가까이 보고 싶어 아예 거처를 서울 가까이로 옮기는 건 아닐까?

소리

봄비 그친 밤이다.

어느덧 빗소리도 사그라지고, 주위는 고요하고 시계소리만 '째깍째깍' 들린다. 텅 빈 공간에 울려 퍼지는 저 소리가 싫어 소리 없는 시계로 바꿔버릴까 생각한 적도 있지만 저것마저 들리지 않는다면 이 밤이 너무 쓸쓸할 것 같아 바꾸지 않고 그냥 쓰기로 했다.

어느새 8년이 훌쩍 지나가버렸다. 함께 살던 엄마와 영원한 이별을 한 것이……. 이 세상에 영원한 것은 아무것도 없기에 언제일지 모르는 이별을 막연히 상상하긴 했지만 이렇게 쉽게 혼자가 되리라곤 생각하지 못했었다. 이미 8년의 세월이 지나가버렸으나 눈감으면 마치 어제의 일처럼 생생하게 떠오르는 그날…….

일 때문에 밤을 새고 들어온 날 새벽, 예민한 성격이라 잠을 곤히 주무시지 못하는 엄마의 잠을 깨우지 않으려고 나는 살금살금 아파트 현관문을 열고 내 방에 들어가 금방 단잠에 빠져들었다.

몇 시간을 곤히 자고 일어나 미처 끝내지 못한 일을 하기 위해 컴퓨터에 앉았다. 그리고 뭔가 알 수 없는 허전함은 새벽잠이 없어 항상 일찍 깨는 엄마의 인기척이 없기 때문이란 걸 알기까지 몇 분 걸리지 않았다. 엄마가 깰까 염려하며 살짝 안방 문을 열었을 때만 해도 이런 긴 이별을 생각하진 못했다.

엄마는 한 마디 말도 없이 내 곁을, 사랑하는 가족의 곁을 떠나버리셨다. 119에 전화를 했다. 고인은 엠블런스로 이송하여야 한다는 것도 그때 처음 알았다. 형제들에게 어떻게 전화를 했는지도 모르겠다. 여기저기 흩어져 사는 엄마의 분신과 친척들에게 연락을 취했고 영안실에서 우리는 모두 만났다. 지금도 난 운전하다 길에서 만나게 되는 엠블런스의 왱왱거리는 소리에 문득문득 슬픔이 울컥 차 올라옴을 느낀다. '아~ 저 소리는 또 어느 분의 가정에 나처럼 슬픔을 안겨줄까?' 생각하며 이름도, 얼굴도 모르지만 가족을 잃은 사람들의 애끓는 통곡소리도 함께 떠올리곤 한다. 엄마 이름 앞에 붙은 익숙하지 않은 고(故)라는 글자……. 그리고 작년까지 꼭 여덟 번을 지내면서도 아직도 익숙하지 않은 의식, 제사…….

'산 사람은 산다' 는 말처럼 인간에게는 망각이라는 것이 있어 힘든 일을 겪고 나서도 살아낼 수 있는 모양이다.

그때의 그 슬픔에서 꽤 멀리 와있다고 생각은 하지만 기억이 완전히 사라져버린 건 아니어서 요즘 같이 아름다운 계절 봄이면 그날의 일들은 스멀스멀 기지개를 펴고 내 곁에 자리하곤 한다.

여행을 좋아하는 엄마는 함께 차를 타고 다니는 걸 좋아했었다. 날씨 좋은 봄가을을 이용해 나도 될 수 있는 한 많은 곳을 엄마와 여행하려 노력했지만 '다음에…….' 하고 미루었던 스위스로의 여행을 가지 못한 채 엄마는 떠나버렸다. 그래서 풍수지탄이라는 말이 생겼나 보다. 부모가 이미 세상을 떠나 효도할 수 없음을 한탄하는 내용의 사자성어를 이렇게 뼈저리게 느끼게 될 줄 알았으면 더 많이 효도하였을 텐데……. 무엇이든 미루지 않고 그날그날 해 버렸을 텐데…….

나는 차를 타면 항상 음악을 틀었고 좋아하는 노래가 나오면 엄마는 따라 불렀다. 싫어하는 노래가 나오면 "저것도 음악이라고……." 하며 다른 걸 틀어주길 원하였지만 내가 좋아하는 것이면 그대로 틀고 다녔다. 지금 엄마가 단 하루만 내 차를 탈 수 있게 된다면 내가 좋아하는 것보다는 엄마가 좋아하는 노래로 몽땅 틀어줄 수도 있는데…….

전화하길 좋아하지 않는 난 아무리 늦어도 전화를 잘 하지 않는 편이어서 엄마가 늘 먼저 전화를 거는 편이었다. 밥 때가 지나면, 어둠이 내리면 어김없이 걸려오는 엄마의 전화 내용은 늘 한결같았다.

"밥 먹었나?"라는 물음에 다소곳이 먹었다, 안 먹었다만 얘기하면 될 것을 내 대답은 또 퉁명스럽다. "지금까지 밥도 안 먹었을까 봐?"

엄마가 떠나고 한참 동안 내 귓가를 맴돈 건 '밥 먹었나?' 와 '춥지?' 였다. 추운 겨울이면 끼니를 거를까 걱정하는 것 외에 옷은 따뜻하게 입었나가 하나 더 추가된다. 늘 들을 수 있을 땐 몰랐는데 전화기 너머 들려오는 엄마의 목소리가 그립다.

일곱 남매 중 아버지를 닮은 자식들은 노래를 못 하는 편이었고 엄마를 닮은 자식들은 노래를 잘 하는 편이었다. 나는 아버지를 닮아 음치에 가깝다. 가족 소풍이나 가족 잔치에서 엄마가 잘 부르는 18번은 '애정이 꽃 피는 시절'이었다. 음색 좋은 엄마의 고운 노랫소리는 항상 모두의 박수를 받고 어김없이 앵콜도 받아냈다.

어느 해 아버지 직장에서 남해 쪽으로 여행을 갔을 때 우리들 중 세 자매가 엄마와 함께 따라갔었다. 그때의 추억은 카세트테이프에 그대로 녹음이 되어 있어 문득 엄마가 사무치게 보고 싶을 때는 항상 테이프 속에서 엄마의 음성을 찾아 듣는다.

한여름의 녹음보다 5월의 푸르른 신록이 더 좋다던 엄마는 네잎 클로버를 찾아 아파트 화단을 산책하곤 했다.

어느 5월, 행운을 준다는 네잎 클로버를 찾고 소녀처럼 즐거운 웃음을 지으며 건네준 클로버 잎사귀는 내 책꽂이 제일 앞자리에서 항상 나를 지켜주고 있다. 그것을 보고 있노라면 엄마의 마음이 그대로 전해져 '이것이 네게 행운을 줄 거야.'라던 엄마의 말씀처럼 큰 행운이 찾아올 것 같은 환상에 사로잡힐 때도 있다.

엄마는 신문 읽기를 좋아했다. 1면부터 32면까지 때로는 소리 내어 읽기도 했다. 나는 '엄마처럼 똑똑한 사람은 치매에 안 걸릴 거야.'라고 했지만 엄마가 가장 무서워하는 것은 치매 같은 힘든 병에 걸려 자식들을 고생시키는 것이었다. 그래서 더욱 신문을 열심히 읽었나 보다. 신문에서 얻은 지식으로 엄마는 컴퓨터 바이러스가 극성을 부린다든지 엘니뇨, 라니냐 등의 기후변화에 관한 뉴스도 가장 먼저 알려 주었다. 모르는 게 없는 엄마가 다소 버거울 때도 있었지만 엄마가 곁에 없는 지금은 엄마방송 뉴스를 단 한번만이라도 듣고 싶다.

절을 지어 사회에 헌납하셨던 외할아버지의 딸답게 엄마는 독실한 불교신자였다. 아침 일찍 일어나 크게 소리 내어 읽는 『천수경』은 어린 시절부터 내 귀에 익숙한 것이어서 자연스럽게 내 종교도 불교가 되었다.

엄마가 다니던 절에 가서 향내를 맡고 독경소리를 들으면 괜히 기분이 좋아진다. 엄마처럼 열심히는 아니지만 아버지의 위패가 모셔진 그곳을 나는 가끔 찾는다. 부처님께 절을 하고 기원을 하는 불자들 속에서 엄마의 경 읽는 소리를 듣는다.

'마하반야바라밀다심경 관자재보살……. 아제아제 바라아제 바라승아제 모지사바하' 로 끝나는 엄마가 늘 외우시던 불경 『반야심경』 역시 특별히 외우려 하지 않았어도 귀에 쟁쟁한 것이다.

독경이 끝나고 나면 "니 아부지 보고 가자."라는 엄마 소리가 들리는 듯하여 아버지 위패를 찾아 꼭 절을 올린다.

평생 열심히 독경을 읽고 착하게 산 때문이었을까? 엄마는 모두가 원하는 최후를 맞이했다. 나이 들어가며 바라는 한결같은 소망 '자는 듯이 가는 것' 의 주인공이 된 것이다. 그것이 남아있는 사람들에게는 꼭 좋은 일이라고 할 수는 없지만 긴 고통 없이 세상을 떠나는 것이 얼마나 큰 축복인지 한 살 한 살 나이를 먹으며 내게도 가장 큰 바람이 되었다.

"선한 사람이 이긴다."

"착한 끝은 있다."

"조금 손해 보는 듯이 살아라." 엄마가 늘 하는 말에 나는 "에이, 악하게 사는 사람이 더 잘 되던데?"라고 했었다. 하지만 내 생각도 악하게 사는 것보다 착하게 사는 것이 더 좋다는 결론이다.

청개구리 같은 내 대답에 엄마는 항상 "아직 다 산 거 아니다. 세상 마칠 때 보면 착하게 산 사람의 끝은 있다니까……. 자기 대에 못 받으면 후대에서라도 꼭 복 받을 거다."라고 얘기했었다.

인생의 반 이상을 훌쩍 넘긴 이 나이가 되어 주변 사람들의 최후를 보며 생각해 보니 엄마의 말이 맞는 것 같다.

일상생활을 하며 나는 8년 세월에도 지워지지 않는 또렷한 엄마의 흔적들과 만난다. 엄마는 약을 먹고 나서 약봉지를 식탁에 그대로 두는 습관이 있는데 그걸 치우며 나는 항상 잔소리를 해댔었다. 그럴 때마다 특별한 감정을 드러내지 않은 채 묵묵히 들어주던 엄마…….

하지만 지금 나는 너무나 엄마와 닮아 있는 나를 보곤 웃음 지을 때가 종종 있다. 그래야 약을 먹었는지 안 먹었는지 쉽게 기억할 수 있다고 하던 엄마가 오늘따라 무척 그리운 건 아마도 봄비 때문일지도 모르겠다.

뿐만 아니라 개수대에 설거지용 그릇을 꺼내두고 수돗물을 졸졸 소리 나게 틀면서 나도 모르게 흠칫 놀라곤 한다. 엄마가 그럴 때면 언제나 마음속으로 '개수대에 그냥 물을 틀어놓고 설거지하면 될 일을 수돗물 얼마나 절약한다고...' 라고 했던 것을 떠올리면서…….

내 곁을 떠난 지 오래된 엄마지만 아직도 매사에 엄마의 목소리가 들린다. 갈림길에서 흔들릴 때도 늘 바른 길로 인도해 주는 엄마의 목소리가 있어 주변사람들에게서 사랑받고 사는 건지도 모르겠다.

전화소리에서, 노랫소리에서 그리고 독경소리 등 엄마와의 추억이 얽혀져 있는 모든 소리들에서 나는 늘 엄마를 만나고 엄마와 이야기를 나누고 있다.

세상의 모든 엄마들은 현실세계에서 그 모습이 사라졌어도 이렇게 우리 모녀처럼 지울 수 없는 기억을 남기는가 보다. 자신과 꼭 닮은 자녀를 남겨 그분들을 그리워하게 하는 것처럼…….

시계 소리는 점점 크게 들리고 주위는 더욱 고요해졌다. 봄비는 이미 그쳐 있고 아파트의 건너편 동 불빛도 이제 거의 꺼졌다.

어딘가에서 들리는 엄마의 음성, "이제 그만 자거라."

환청일 거란 걸 뻔히 알면서도 두리번거려지는 건 간절한 보고싶음이었다. 그리고 그리움이었다. 아직도 시계는 '째깍째깍' 지치지도 않고 잘도 간다. 유리창에 비친 내 모습 위로 엄마의 얼굴이 부옇게 비쳐진다. 이내 코끝이 따가워진다.

나는 저 가슴 깊숙이 묻어두었던 단 한 번도 하지 못했던 하지만 정말 하고 싶었던 한마디를 중얼거려본다.

"사랑해, 엄마……."

엄마일 까닭 없는 엄마 소리를 따라 이제 그만 잠자리에 들어야겠다. 꿈속에서 엄마를 만나 엄마 냄새를 맡고 아직도 다 하지 못한 말들을 할 수 있으면 좋겠다.

내 삶의 코드

내가 살아가는 동안 느꼈던 이야기들을
[내 삶의 코드]로 엮어 보았습니다.
때로는 즐겁기도 하고
때로는 기쁜 일도 있지만
산다는 것은 정말
너무 힘이 드는 일입니다.
그러나 매일매일
다른 모습으로 남게 되는
삶의 흔적들은 아름답습니다.

2012.

65.2×45.5(cm) watercolor on arches

이 시대 마지막 남은 순수

일상처럼 컴에 앉아 많은 시간을 보내다 어제 받은 메시지를 확인도 않고 병원으로 차를 달렸다. 길은 얼었고 바람도 차가웠다. 주차권을 받고 대기실에 들어서서 예약증을 꺼내는 순간 '2월 15일 오후 2시 10분' 이라는 글자가 비웃듯이 나를 내려다보고 있었다. 나이 탓일까? 하루하루가 너무 즐거워 시간 가는 줄 몰랐던 것일까? 이렇게 추운 날 헛걸음 친 것이 무척 억울했다.

가끔 만나는 여유로운 시간이면 찾아가고 싶은 곳이 있다. 만난 것은 얼마 되지 않더라도 자꾸 보고 싶은 사람, 그 사람은 마침 그 자리에 있었다. 생각지 못했던 날의 방문에 무척 기뻐하였다. 얘기를 나누고 컴을 하고 저녁을 먹었다, 건강에 좋다며 추어탕을 권했다. 함께 계신 다른 분이 사주셨다. 더불어 좋은 말씀도 들었다. 딱 봐서 좋은 사람, 착한 사람은 표가 난다는 말씀에 깊이 공감하며 우리나라 사람들 모두가 그런 사람으로 표시날 수는 없을까 생각했다.

식사를 마치고 커피 마실 곳을 찾았다. 주차장 관리가 끝난 시간 흰 선 안에 차를 대고 편의점에서 따뜻한 캔 커피를 샀다.

음악과 차와 히터와 그리고 마음이 따뜻한 사람과의 대화. 어떤 분위기 좋은 카페도 부럽지 않았다. 우리는 가지 않은 길에 대한 미련과 동경을 이야기했다. 글을 쓰는 그녀는 그림에 대해 이야기했고 그림을 그리는 나는 글에 대해 이야기했다. 여류시인의 길거리 특강, 그것도 일대일 특강……. 아~ 나는 정말 행운아였다. 두 시간여의 강좌에서 정말 많은 것을 배웠다.

시를 배워보고 싶었다. 과외가 유행병처럼 번지는 요즘 시 과외라도 받고 싶었다. 그러나 글은 배우는 것이 아니라는 시인의 말은 평생을 수채화에 쏟은 대가의 말씀처럼 얼마나 많이 쓰느냐에 해답이 있는가 보다. 글을 쓰는 사람은 험한 걸 보면 안 된다고도 했다.

농담처럼 '이 시대 마지막 남은 순수' 라는 말을 많이 한다. 순수

31×21(cm) watercolor on arches

란 바꿔 말하면 이 시대에서는 바보라는 말과도 일맥상통하는 건 아닐까? 이 험한 세상 살아남기 위해선 더 악다구니 치며 살아야 하는 건 아닐까?

한때는 자라는 아이들에게 "착하게 살지 말라."고 가르쳐주고 싶은 적도 있었다. 하지만 선자(先慈)의 말씀처럼 착하게 산 뒤끝은 있으니 착하게 살아야겠노라고 결론짓는다.

커피를 다 마시고 별꽃으로 수놓은 서울의 중심부를 가로질러 터널 앞 그녀의 집 앞에 모녀를 내려주고 돌아오는 길, 추위도 바람도 저만큼 달아나 있었다.

다시 태어난다면

다시 태어나면 나무로 태어나고 싶다.
인간의 수명이 너무 길다고 느낀 건
서른을 넘기면서부터였는데
30년 이상 때로는 100년도 넘게 너끈히 사는
나무가 왜 되고 싶었는지 모르겠다.
꿋꿋이 한 자리에 서서 여러 사람을 행복하게 해 주는 나무…….
달면 삼키고 쓰면 뱉어버리는 인간들을
비웃기라도 하듯 묵묵히 서 있다.
겨우내 헐벗었던 나무 가지가 삐죽삐죽 기지개를 켠다.
초록 옷 갈아입을 준비하는 나무의 숨소리가 여기저기서 들려온다.
무덥던 그 여름날, 더위에 지친 내게 그늘이 되어주던
남산 위 소나무들…….
촉촉이 흘러내리는 땀방울도 금세 말려주고
비탈길 너머로 들려오는 사각대는 합창소리에
어느새 두 눈은 스르르 감겨지곤 했었지.
오색 낙엽을 흩뿌리던 가을을 지나 예쁜 눈꽃송이 피워내며
올 사람도 갈 사람도 없는 언덕에서
겨울나무는 늘 그렇게 홀로 서 있었다.
바람을 친구 삼아, 태양을 친구 삼아…….
다시 이 세상에 태어나고 싶은 생각은 별로 없다.
그러나 만약…….
만약 또다시 태어나게 된다면 나는 나무로 태어나고 싶다.
사색의 능력이 없는 나무로 태어나고 싶다.
생각의 깊이도 없고 그것으로 인한 갈등도 없는
그런 나무로 태어나고 싶다.

장미

나는 꽃 중에서 장미를 가장 좋아한다.
노랗거나 흰 장미도 있지만 핏빛처럼 붉은 흑장미가 가장 좋다.
팝송에서는 Bette Midler의 'The rose'를 첫째로 꼽는다.
20대와 30대를 거치면서 아름다우나 가시가 있어
장미 같다는 말을 자주 들었다.
지금 와서 생각해보니 그 시절은 20대라는 것만으로도
충분히 아름다울 수 있었던 시절이었던 것 같다.
하지만 가시는 왜 있었을까?
좀 더 너그러울 수도 있었을 텐데…….
대학을 다니고 회사 생활을 처음 했을 무렵
첫인상이 날카롭다는 이야기를 많이 들었고
그것은 살이 붙기 전인 30대 때까지 늘 붙어 다니는 수식어였었다.
매일 기록을 갱신할 만큼 살이 찌고 있지만
두루뭉술해지다 보니 날카롭다거나 가시가 있다거나
또 아름답다거나 하는 말은 전혀 들을 수가 없다.
거실의 TV 위에는 30대 후반 포상휴가로 떠났던 유럽여행 중
하이델베르그에서 찍은 사진이 있다.
그것을 찍을 때도 나이 들었고 살쪘고…….
뭐 그런 생각을 했었는데
요즘 그 사진을 보면서 생각하는 것은 '아~ 옛날이여…….'이다.
그 시절의 장미가 될 수는 이제 없는 걸까?
가시는 빠져 없어지더라도 말이다.

천하의 모든 물건 중에 내 몸보다 더 소중한 것은 없다.
그런데 이 몸은 부모가 주신 것이다. – 이이

기분(氣分)

사람의 기분이란 정말 묘하다. 밤과 낮, 밝은 날과 어두운 날의 기분이 이렇게 다를 수가……. 밤에 느끼던 우울함이 밝은 해와 함께 모두 사라져버렸다. 행주처럼 돼버린 삶은 걸레로 온 집을 닦는다. 우울한 먼지를 모두 닦아버린다.

어제 사 온 꽃을 햇빛 비치는 곳에 놓고 나는 이젤을 편다. 정물이나 풍경보다 인체가 더 좋지만 때로는 꽃을 그리는 것도 좋다. 그림은 모든 죽어있는 것에도 생명을 불어넣을 수 있다. 마른 꽃에 생명을 넣어 그린 정물화는 액자 속에 끼어져 거실 벽에 걸려있다.

오디오의 볼륨을 높인다. 가끔은 예전에 듣던 LP판을 올려놓는다. CD로 듣는 음악에 비해 훨씬 정겹다. 노래는 그 시절을 추억하게 한다. 기분에 따라 선곡도 달라진다. 경쾌한 음악을 들으며 나는 꽃을 그린다.

기분을 저장해두는 냉장고가 있다면 오늘 이 기분을 상하지 않을 만큼 보관했다 어느 우울한 날에 다시 꺼내 쓰고 싶다.

40×20(cm) oil on canvas

어제 내린 비

어제는 천둥과 번개를 동반한 장맛비 같은 비가 내렸다. 누드크로키 마지막 날이었는데 빼먹고 좋은 사람들과 김밥을 먹고 1시간 정도 예정으로 일을 시작했다. 내가 하는 Design이란 것이 하다보면 더 좋은 것을 위해 시간을 자꾸 넘기게 된다. 벚꽃이 진 자리에 푸른빛을 띠고 서있는 큰 나무 잎새를 흔드는 빗소리가 참 좋다고 느끼며 밤이 깊어가는 줄도 몰랐었다. 여럿의 생각을 모아 만들어 내는 일은 언제나 좋은 결과를 낳는다. 더구나 좋은 사람들과의 작업은 피로를 못 느끼게 된다. 하다 말면 또 하기 싫어질 것 같아서 그냥 하루에 끝내버렸다. 프린트를 뽑거나 출력을 할 때 가장 즐거운데 오늘처럼 결과가 만족스러울 때는 더욱 즐겁다.

어둠 속에 현관문을 열고 들어서는 게 싫어 어둠이 내리기 전에 항상 집으로 온다던 엄마가 느끼던 마음이 돼가는 요즘 가능한 한 밝을 때 들어오려고 애를 쓴다.

교과서를 만들면서 새웠던 밤처럼 천둥 번개 치는 무서운 이런 밤이면 늦게까지 저녁도 먹지 못한 채 비 오는 밤 어둠에 떨고 있을 강아지 다해(多海)에게는 정말 미안한 생각이 든다.

나를 닮은 친구에게

오늘은 하루 종일 잠을 잤다. 그렇게 자고 있는 사이 너는 하늘을 날아 네 보금자리에 도착을 하고…….

아침이면 네게서 전화가 올 것 같아. 어디서 만나자고 약속을 정할 것 같아. 이번 여름 참 많은 추억을 남겨준 너와 예쁜 너의 딸에게 고마움을 전한다. 너와 함께한 창덕궁과 중미산 계곡과 길상사. 샤갈전과 밤의 장흥과 울산의 등대와 바닷가……. 또 북악스카이웨이와 남산, 세종문화회관의 이선희 콘서트……. 아마 오래 잊지 못하고 그리워할 거야. 가장 즐거웠던 건 너와 함께 그림을 그릴 수 있었던 6주간의 토요일 오전이었다.

지금 베란다 너머로 보이는 나무 사이로 비치는 불빛은 너와의 밤을 생각나게 한다. 언제였지? 우리가 새벽 영화를 본 것이……. 마치 시험공부 하듯 우리 셋은 영화 시간을 기다리며 차안에서 잠을 자고 새벽 두시 반이 돼서야 영화를 보기 시작했지.

너무 재미있어서 아무도 졸지 않았었어. 새벽에 들어와서는 그리다 만 그림의 배경을 칠하기 시작했고 넌 멋진 그림을 완성했지. 우리 일행 중 네 그림이 가장 멋진 그림이었고 사람들이 하나둘 모여들어 보았을 때 나보다 잘된 너의 그림에 나는 대만족이었고 네가 무척 자랑스러웠다. 더구나 남편에게 줄 선물이라는 걸 나중에 듣고 너의 그 모습이 얼마나 아름다워 보였는지 아니? 토론토에서도 그림 그리는 거 잊지 말구 좋은 그림 많이 그려서, 북한산을 바라보며 한 약속대로 머지않은 장래에 전시회 함께 열자. 나도 열심히 그릴게.

그리고 지난 금요일 밤……. 머리가 깨지는 듯 아팠을 때 걸려온 너의 전화……. 내가 아플 땐 항상 엄마가 옆에 있었고 언니가 옆에 있었는데 그날은 그들 중 아무도 없었어. 이렇게 혼자 겪어내야 할 아픔이구나. 생각하니 정말 두렵더라. 가족은 곁에 없었지만 함께

33.3×24.2(cm) watercolor on arches

해준 친구가 있어 덜 무서웠다. 내가 경험하지 못한 아픔이어서 무척 당황했었거든. 더구나 머리쪽이라……. 머릿속에 균열이 생기는 듯한 아픔을 느끼며 무슨 못된 병에 걸렸나 생각했었는데 두통약을 먹으면 낫는다는 너의 엄마 같은 말에 함께 있던 친구가 건네준 펜잘을 먹었고 네 말처럼 30분쯤 흐른 뒤부터 괜찮아지더라.

오래 아프면서 엄마는 반의사였거든. 내가 평소와 조금이라도 다르면 처방을 내주시곤 했었지. 그런 엄마가 그 밤 무척 보고 싶었다. 의사오빠에게 전화해볼까 하다 그만 두었어. 빨리 병원가라는 말을 할 테고 멀리서 걱정이나 할 텐데 생각하며 늘 함께이던 언니를 또 무척 그리워했다.

혼자 아프지 말고 전화하라는 친구에게 변변히 고맙다고 말도 못했어. 정말 고마웠는데……. 나 표현 잘 못하는 거 넌 잘 알지?

10년만의 더위가 물러간 지금 가을이 자리를 바꾸어 앉았다. 이 가을엔 인터넷 편지로 자주 만나자. 네가 그린 그림도 보내주고 그곳 풍경도 보내줘. 다시 만날 때까지 건강히 잘 있으렴^^

밤 11시를 넘은 시간 네가 떠난 하늘을 보며 너를 닮은 친구가…….

72.7×53(cm) oil on canvas

나도 이런 사람 하나쯤 만나고 싶다

가지고 있는 모든 것 주고 싶어만 하는 사람…….
핸드폰 끊어질까 봐 엘리베이터도 못 타는 사람…….
배터리가 다 닳아 목소리가 희미해지면
차에서 내려 공중전화로 다시 걸어 주는 사람…….
치렁치렁한 머리 자르고 싶어 물어보면
"자르지 마, 얼마나 이쁜데?"라고 말해 주는 사람…….
하루하루 늙어가는 모습에
'아! 옛날이여~'를 부르짖지만
그래도 언제나 이쁘다고 말해 주는 사람…….

"여행이나 다녀오지!"하고
말없이 비행기 표를 쥐어 주는 사람…….
바쁜 일 모두 던져 버리고 산과 바다를 찾아
훌쩍 떠날 수 있는 사람…….
음악을 좋아하고 시(詩)를 사랑하는 사람…….
산(山)을 좋아하는 사람, 사람을 좋아하는 사람…….
새 영화가 나오면……,
좋은 연극이 시작되면……,
멋진 공연 소식을 들으면……
저녁시간 비워 놓으라 말하며
멋진 곳에 마주앉아 밥을 먹고
두 손 꼭 잡고 영화든, 연극이든, 공연이든 보고 나와
밤거리를 무작정 거닐 수 있는 사람…….
여자가 하기 힘든 집안일 오래 걸려 해 놓고도
별로 힘 안 드는 일이었다고 말하는 사람…….
정성들여 끓인 된장국 함께 먹으며
"정말 잘 끓였다."고 칭찬해 주는 사람…….
다른 동네 주차해 놓은 차 때문에
택시 타고 나가려다 아파트 주차장 두리번거릴 때
낯익은 자리에 이미 내 차를 갖다 놓아둔 사람…….
기념일도 아닌데 흑장미 한 다발 안겨 주며
목숨 다하는 날까지 사랑하겠다고 말해 주는 사람…….
"이번 크리스마스엔 뭐해 줄래?"라고 물으면
"니가 원하는 거 다해 줄게."라고 말해 주는 사람…….
"너는 항상 내 마음에 있어."라고
말해 주는 사람…….
그런 사람 하나쯤 만나고 싶다.

홀로 가는 길 동행해 줄 좋은 친구 하나쯤
갖…… 고…… 싶…… 다…….

토론토에서 온 친구 윤경이

3년만의 만남이었다. 몇 년 만에 만나도 어제 헤어진 듯한 친구의 첫마디는 "밥만 먹었니?"였다. 그때보다 10kg 이상 불어난 내 모습 때문이었으리라. 그리곤 건강을 묻는다. 높은 통굽을 신고 117 계단을 오르내리고 캠퍼스 끝 3층 실기실을 누비던 때를 생각하며 "왜 아프니? 아프지 마."라고 했다. 그러는 그녀가 고마워 나도 눈물이 핑 돌았다.

조용하고 주차가 잘 되는 찻집을 찾던 우리는 평소 잘 가는 경복궁 앞 진선 북카페로 갔다. 비 젖은 아스팔트가 내려다보이는 2층 금연석 창가에 자리하고 앉아 밀린 이야기들을 시작했다.

그림을 이야기하고 앞날을 함께 설계하는 우리는 하는 짓이 참 많이 닮은 단짝이었던 20대 꿈 많은 소녀 그대로였다. 아직도 철모르던 그 시절 순수한 마음인데 서로의 얼굴에 그려진 세월의 흔적은 지울 길이 없었다.

2학년 때 산곡으로 도자기 구우러 갔던 이야기와 비 오는 날 영화 보던 이야기, 19번 버스 타고 도봉산에 가서 과자를 먹으며 나누던 이야기 등 평소 별 말없이도 오래 함께 앉아 있던 우리의 이야기들은 벌써 스무 해나 넘은 그 시절을 바로 어제처럼 오버랩 시켜 눈앞에 펼쳐지게 했다.

우리가 헤어질 때 계셨지만 지금은 떠나버린 엄마를 이야기하니 또 울먹거리며 "엄마 이야긴 하지 마, 좀 더 나중에 들을래." 한다.

만나면 기분 좋은 사람들만 만나도 시간이 모자란다는 것에 서로 마음을 일치하며 8월말, 언제 다시 만나게 될지 모르는 이별을 앞두고 우리는 서울에서 좀더 자주 만나기로 했다.

비는 어느새 그치고 언뜻언뜻 해가 보이기 시작했다. 4시간의 만남을 어느새 훌쩍 보내고 돌아오는 길에, 대학에서 건진 몇 안 되는 보물 중 가장 큰 '아름다운 사람' 이란 생각을 했다.

솜사탕

솜사탕을 보면 생각나는 사람이 있다. 그녀를 안 건 채 두 해가 안 되지만 한 십년쯤은 족히 사귄 듯한 사람이다. 안 보면 보고 싶고 며칠 전화가 없으면 궁금해지는 우리는 좋은 친구 사이이다. 아직 솜사탕을 먹어본 적 없다는 그녀의 말을 들은 후부터 솜사탕을 보면 그 친구를 떠올리곤 한다.

남산 순환도로에 승용차 통행금지가 되기 하루 전날 남산을 찾았었는데 그곳에 솜사탕 장수가 있었다. 솜사탕에 오버랩 되어 언젠가 함께 올랐던 남산에서의 일이 생각났다. 광화문을 지나며 정문에 있는 솜사탕 아저씨를 보곤 그 근처에서 숨 쉬고 있을 그녀를 생각했다.

동네 초등학교 앞에서도 솜사탕 장수를 자주 본다. 이렇듯 천지에 널려있는 솜사탕을 그녀는 왜 아직 먹지 못했을까? 낮에 집을 나서며 만나는 솜사탕을 보면 녹지 않게 얼음상자에라도 넣어 가지고 가서 꼭 맛을 보여주고 싶기도 하다.

솜사탕 같은 부드러운 마음을 가진 사람…….

세상 모든 것을 솜사탕처럼 바라보는 사람…….

그녀에게는 행복만이 가까이하면 좋겠다.

봄이라기엔 좀 덥고 여름이라기엔 좀 쌀쌀한 그런 오후에 솜사탕을 닮은 그녀를 생각하며 여름이 시작하기 전 꼭 함께 솜사탕을 먹어야겠다.

사람이 바꾸려 해도 바꿀 수 없는 것이 한 가지 있다.
그것은 자기의 부모이다. – 유태인 격언

삭제

15×30(cm)
watercolor on arches

언제부터인가 싫은 전화번호를
삭제하는 버릇이 생겼다.
핸드폰 기능 중에 삭제의 기능이 있어
남기고 싶지 않은 번호는
삭제해 버리고 만다.
반면 저장된 번호 중
반가운 이름이 뜨면
그를 본 듯
기분이 좋아지곤 한다.
광고성 전화도 물론 삭제 대상이다.
어디서 어떻게 알아내
전화를 하는 건지
귀찮을 정도로
전화가 오곤 한다.
하지만, 내가 그러듯
나도 누군가에게
삭제되어지는 번호는 아닐까?
세상사람 모두 귀찮지 않은
존재로 남을 수 있으면 좋겠다.
전화기에서……
마음에서……
삭제되는 일 없이.

유효 기간

요즘 냉장고에서 음식 재료를 꺼낼 때마다 유효 기간을 보는 것이 습관처럼 되었다. 잡채를 좋아하다 보니 마트에 갈 때마다 당면을 사곤 한다. 부엌 정리를 하며 유효 기간이 지나버리는 것이 안타까워 양에 넘치는 잡채를 만들기도 하고 밥이 먹고 싶지 않은 날에는 라면을 먹기도 한다.

자칫 지나쳐 버리면 유효 기간이 지난 음식이 쓰레기통으로 가는 것이 다반사다. 지난 주말도 예외는 아니어서 유효 기간이 다돼 가는 밀가루와 튀김가루를 써 버리기로 했다. 얼마 전부터 먹고 싶던 수제비를 아침으로 먹고 계란+밀가루+튀김가루로 튀김을 만들었다.

비 오는 날 부추 전을 만들어 드리면 참 좋아하시던 엄마가 생각났지만……. 이제는 혼자 먹으려고 음식을 하게도 된다. 경비아저씨와 나눠 먹을까? 옆집 아주머니에게 드릴까? 밖에서 자전거 타는 8호집 꼬맹이에게 줄까? 앞 동에 사는 학원 아이와 먹을까? 여러 가지 생각을 했지만 그들이 좋아할지 어쩔지 몰라 망설이고 있는데 반가운 전화가 왔다. 잡채를 먹으려니 내 생각이 났다면서……. 무엇에나 임자는 따로 있는 모양이다. 토요일이라 무얼 하고 있을지 몰라 그저 생각뿐이었던 그녀에게 모두 싸 가지고 갔다.

'유효 기간'에 과민반응인 요즘 나의 유효 기간은 언제까지일까 생각하며 달리는 내 차 바퀴엔 한결 힘이 더해진다.

청춘은 퇴색되고 사랑은 시들고 우정의 나뭇잎은 떨어지기 쉽다. 그러나 어머니의 은근한 희망은 이 모든 것을 견디며 살아나간다. – O. W. 홈스

20×20(cm) oil on canvas

노오란 은행잎이 떨어져 눈처럼 휘날리던 날

광화문을 지나는데 노오란 은행잎이 눈처럼 이리저리 휘날리는 것을 보며 또 한 해가 다 가고 있구나 생각했다.

우리가 변화하며 맞는 사계절처럼 인간의 삶에도 사계가 있다. 우리는 모두 어느 계절쯤 와 있는 걸까?

시작은 알았지만 끝을 알 수 없기에 미루어 짐작할 수밖에 없다. 정말이지 우리 삶도 봄, 여름, 가을, 겨울을 맞는다. 유년의 봄을 지나 혈기왕성한 여름을 맞고 낙엽 쌓이는 가을을 맞이하는가 하면 어느새 춥고 쓸쓸한 겨울날을 마주하게 될 것이다.

아마도 지금 난 인생의 가을을 맞이하고 있으리라 생각된다. 떨어진 낙엽의 을씨년스런 모습보다는 형형색색의 낙엽처럼 아름다운 가을을 보내야겠다.

다가올 내 삶의 겨울도 회색빛이기보다는 화려한 크리스마스 분위기와 순백의 눈 색깔이 주는 다양한 의미의 겨울이기를 바라면서 positive power가 늘 함께 할 수 있기를 기대하는 것은 지나친 욕심일까?

인쇄 교정을 끝내고

몇 달 걸려 정말 지칠 대로 지치게 한 책을 끝내고
인쇄 교정을 보고 나오는 길에 가느다란 눈발이 흩날렸다.
눈은 좋은 조짐이라는데 작업 폴더의 이름대로
책이 대박 나기를 기대해 본다.
편집을 끝내고 필름 출력 상태에서가 가장 보기 좋다.
인쇄를 하고 정작 책이 나오고 나면
허점이 보이게 마련이기 때문이다.

빨간 잉크의 양에 따라 주황으로도 빨강으로도 될 수 있기에
인쇄 교정을 보는 것이다.
교정지가 없는 경우에는 특히 더 잘 봐야 한다.
점심도 굶고 약속시간에 딱 맞춰 도착한 인쇄소 사무실에서
오랜만에 자장면을 시켜 먹고는 표지 교정을 끝내고
본문 1대(16p의 앞면 8p)만 보고 나왔다.

내일 표지 코팅을 하고 제본소에 넘기고 모레…….
드디어 책이 나온다.
하늘에서 지금 뿌려대는 눈발처럼
많은 사람들에게서 사랑받을 수 있는 책이 되기를…….

부모님이 우리의 어린 시절을 꾸며 주셨으니 우리는 부모님의 여생을 아름답게 꾸며 드려야 한다. – 생텍쥐페리

너를 보내고

너를 처음 만나던 날이 생각난다. 후배로부터 소개받은 수원 어느 집에서 널 데리고 오던 날, 하늘은 푸르렀고 구름 한 점 없던 작년 봄쯤이었던 걸로 기억한다. 어디로 가는지 모르면서도 반겨 날 따라오던 너의 모습……. 아직도 생생히 기억나.

시츄가 성격 좋다는 이야긴 많이 들었지만 어떤 연유로 세 번째서야 만난 주인인 내게 넌 처음부터 반가운 친구였단다, 욕구 불만이었던가 너는 아무데나 배설물을 버려 매도 많이 맞았지?

외출할 때면 개집에 갇혀 지내던 네가 안쓰럽긴 했지만 달리 방법이 없었어. 누구의 몸을 빌려 태어난 거니, 너는?

집수리를 하며 곳곳에 밴 너의 흔적들을 보며 또 생각에 잠긴다. 더 넓은 곳에서 더 좋은 사람들과 함께하라고 널 보낸 거 알지? 드넓은 바다를 뛰어 달리기도 하고 예쁘게 치장도 해 달래렴.

너를 보내고 나는 네가 있던 곳을 바라볼 용기가 나지 않았다. 바다를 보고 숲을 보고 밤늦게 돌아와 아무 일 없었던 듯 애써 태연한 척하며 그렇게 그날을 보냈었지. 이제 많이 익숙해졌어. 사실 네 생각 안 할 때도 많다? 널 만나러……. 널 안아주러 한번 가얄 텐데…….

언제가 될지 모르지만 어느 하루 닥칠 너의 마지막 모습을 혼자 볼 용기가 나지 않았던 것이 널 보낸 내 입장에서의 가장 큰 이유일 거다. 너를 위해선 더 많은 이유가 있지만……. 암튼 사는 날까지 아무 데나 쉬하지 말구 너의 천성대로 여러 사람에게 즐거움을 선사하고 귀염 많이 받고 잘 살아, 알았지?

야! 임마!!

이렇게 슬픈 마음일 줄 알았으면 너~ 절대로 안 데리고 왔을 거다.

41×31.8(cm) watercolor on arches

수채화

날씨 좋은 토요일……
그간 그린 그림들을 정리해 보았다.
MDF로 짠 박스에 하나 가득인 수채화……
인체 누드, 정물, 풍경……
하나하나 꺼내보니
그림을 그리던 때가 오버 랩 되어 지나간다.

빈 Frame에는
새 종이(수채화 용지 Arches)를 씌웠다.
그릴 것은 많은데
완성까지의 시간이 많이 걸린다.
사진을 찍어 보면
어디가 잘못되었는지 확연하게 드러난다.
다음엔 더 잘…… 하는 마음으로
또 새로운 그림을 그린다.

함께 그림 그리는 친구가
가을에 인사동에서 전시회를 한다고 한다.
환갑 때 전시하기 위해 시작한 수채화인데
나도 그때쯤이면 인사동에서 전시할 수 있을까?

어머님은 사랑이시며 희생이시고 헌신이시며 생불입니다. – 김삼열

22×32(cm) watercolor on arches

설렘으로 다시 만난 봄

봄이 시작되고 두 주 정도를 집에서만 지냈다. 개나리가 피기 시작하는 걸 보긴 했었는데……. 병원을 오가며 아파트에 피어 있는 목련이랑 벚꽃을 보았다. 흐드러지게 피어있는 개나리와 진달래도…….

초등학교 때 담처럼 집을 빙 둘러 핀 개나리와 진달래 탓에 그 후로도 오랫동안 개나리, 진달래를 좋아했었다. 둘 중 하나를 꼽으라면 꺾꽂이가 잘 돼 면적 넓게 피는 개나리를 더 좋아하는 편이다. 지금도 개나리를 보면 어린 시절의 기억이 떠오르곤 한다. 꽃보다 나무를 더 좋아하는 편이지만 봄꽃은 언제나 내 맘을 설레게 한다.

심한 통증과 함께 온 '대상포진'이란 병을 앓으며, 꽃을 보는 일도 봄을 만나는 일도 내게는 사치였다. 삼 주 정도 지나야 완치되고 심하면 입원까지 해야 한다는 의사의 말처럼 참 많이 아팠었다. 심하게 아플 때면 산다는 것에 회의를 느끼곤 한다. 몇 번의 경험이 있기도 한 입원이란 걸 생각해 보기도 했었지만, 이 봄에 병원에 갇혀 지내고 싶지 않아 혼자 겪어내기로 했고 난 병을 이겨내고 있다. 의사의 처방대로라면 이제 채 일 주일도 남지 않았다.

두 주쯤 지난 월요일, 샤워를 하고 외출을 했다. 일상 하는 일들의 소중함을 평소에는 잘 느끼지 못한다. 봄꽃을 만나는 일, 봄바람을 마시는 일, 소중한 사람들과의 만남과 대화……. 길지 않은 시간 동안 차단되었던 일들과 다시 만나는 것이 내게는 설렘으로 다가왔다.

그렇지 않아도 짧아진 봄인데 두 주를 빼앗기고 보니 더욱 소중한 생각이 든다. 설렘으로 다시 만난 이 봄을 더욱 뜻깊게 보내야겠다.

신은 어디든지 있을 수 없기 때문에 어머니를 만드셨다. – 이집트 격언

행복…… 즐거움…… ♥사랑해……

젊은이들의 인터넷 놀이터 '싸이월드'에 미니 홈피를 만든 것이 어느새 3년이 다 돼 간다. 맨 처음 홈 페이지를 만든 것은 10년쯤 전인데 그때는 어떻게 하는지도 몰라 '천리안' 유저 중 한 분이 만들어준 것을 여기저기서 배워가며 이리저리 뜯어고쳐 완성한 것이었고 개인 홈 페이지가 흔하지 않던 시절이어서 '야후' 검색에서 내 이름자 석자를 치면 최상위에서 어렵지 않게 찾을 수 있었던 기억이 난다.

네이버 블로그에서도 다양한 주제의 포스트를 쓰고 있듯이 어떤 한 가지로 내 관심사를 결정지을 수 없는 것이어서 다양한 메뉴가 들어갔었다. '천리안'을 사용하지 않게 되어 방문객 수 8만 여 명을 웃돌면서 홈 페이지를 폐쇄하게 되었다.

요즘은 무료 포털사이트가 증가하면서 개인 홈 페이지가 홍수를 이루고 있는데 나도 '다음 블로그'와 '네이버 블로그', '싸이월드 미니 홈피' 등 세 가지를 갖고 있다. '싸이월드'에는 그날그날 자기의 기분을 나타내는 곳이 있는데 내 기분은 줄곧 '그리움', '바쁨', '우울', '피곤' 등이었다.

랭귀지 스쿨을 다니던 20대 여 조카가 대학에 들어가고 연말을 맞아 집에 다니러오면서 '행복' 모드로 바뀌었고 시집 갈 날 채 한 달도 안 남은 지인의 기분은 '즐거움'이다. 사랑으로 충만한 크리스마스 시즌에 나도 기분을 좀 바꾸어보았다. '♥사랑해'라고…….

새롭게 시작한 정해년에는 '싸이월드'의 내 기분처럼 세상 모두를 사랑하고 싶은 마음에 그렇게 바꾸었다. 하지만 세상 모두를 사랑할 수는 없을 것이다. 늘 그렇게 살아왔듯이 올해에도 싫은 건 싫을 것이고 미운 건 또 미울 것이다. 다만 내가 만나는 모든 사람들을 사랑할 수 있도록 노력하고 싶은 생각은 든다.

친구에게

연초록빛 잎들과 아름다운 꽃들이 손짓하는 봄…….
기후 온난화로 내가 제일 좋아하는 계절인 봄이
점점 짧아지고 있는 것은 너무 아쉬운 일이지만
아직도 우리에겐 4계가 있기에 행복하다.
친구야…….
어려울 때 친구가 정말 친구라고 하지.
내게 친구가 없었다면 이 험한 세상 어떻게 살아냈을까?
살면서 힘들 때마다 손잡아주는 친구…….
쇼핑도 함께 하고 맛난 저녁도 함께 먹고
재미난 영화도 함께 보고…….
넌 내게 정말 좋은 친구야.
비밀인데 난 너랑 머리 하얘질 때까지 함께 하고 싶거든?
그러니까 나와 친구하기 위해 제일 첫 번째 할일이 뭔지 알겠지?
조금이라도 몸 한구석이 이상하면 바로 병원에 가서 검사해 볼 것!
무리하지 말 것!
건강은 자신하고 자만하는 게 아니라고 하지,
그건 정말 맞는 얘기야.
주위에서 젊었을 때 건강 자신하다가
나이 먹으며 약으로 사는 사람 많이 봤거든.
적당한 운동과 충분한 수면으로 우리 오래오래 친구로 살자^^
일교차가 심하긴 하지만 여름이 오려면 좀 더 있어야 할 거야.
더운 여름 오기 전에 우리 가까운 곳으로 봄나들이 가자.
그리고 자주 자연의 품에 안겨 아름다운 이야기 나누자.
해가 갈수록 세월이 너무 빠름을 느낀다.

우울증

며칠 전 여고동창생에게서 전화가 왔다.
"나, 우울해……. 많이 우울해."라고 말하는 그녀…….
"그러지 마. 나보다 아래가 얼마나 많은데……. "라며
위로해 주었지만 안타까운 마음은 어쩔 수가 없었다.
전화를 끊고도 한동안 마음이 허전했다.
정말 씩씩하던 그녀였는데…….

외국에 사는 친구에게서 벌써 몇 년 전에 "나 우울해……."라고 들었을 때는 그저 외국에 떨어져 사니 그런가 보다 생각하고 말았는데 90 넘으신 아버지도 아직 생존해 계시는 평소 씩씩하던 그녀에게서 듣는 이 말은 내 마음을 무척 아프게 하여 어떤 방법으로든 그녀의 우울함을 풀어주고 싶었다.
갱년기 여성의 우울증으로 최악의 경우를 맞이하는 사례도 매스컴에서 흔히 보던 것이어서 그냥 한 귀로 듣고 흘려버릴 수만은 없었다.
마치 우울증 치료사가 된듯한 말투로
"우울하면 날 만나야지. 왜 혼자 우울해 하냐?"
"바빠야 돼. 우울할 틈이 없게……."라고 말했더니
"그래서 네게 전화한 거야."라고 말하는 친구…….
그 친구를 내일 만나기로 했다. 내일부터 함께 바빠지기로 했다.
우울에서 벗어나기 위해 젤 처음 날 찾아준,
그리고 선뜻 내 제안을 받아준 친구가 남은 생 나와 함께
즐거운 마음으로 살아갈 수 있기를 빌어본다.
그리고……
내가 만약 우울해지면……
누가 날 위로해줄까? 생각해본다.

세월

어느 늦가을이었다.
고즈넉한 주택가 골목을 들어서며 참 정겹다는 생각을 했던
그곳을 요즘 지나노라면 그때의 아름다운 추억들로 인해
한참을 서성이게 된다.
그렇게 우리는 첫 만남을 가졌고 참 많은 시간이 흘렀다.
우리가 함께한 슬펐던 시간, 기뻤던 시간들…….
몇 번인가 살짝 얼굴을 스치는 눈물을 보며
마음 아파하던 기억도 난다.
음악을 좋아하는 것만큼이나 여행을 좋아하지만
마음 놓고 함께 즐길 수 없는 것이 가장 안타까운 일이다.
세상 어느 것, 특히 사람들의 마음은
처음과 많이 달라지는 것 같다.
세월을 보내며 사람은 특히 많이 변질된다.
험한 물결과 세찬 바람에 의해 해면이 변하듯
우리네 삶도 그것 못지않다 .
'만남은 하늘이 맺어주고 관계는 사람이 이어간다.' 라는
말이 있다.
어려울 때 친구가 진정한 친구라고 했는데
가장 어려웠을 때 함께 해준 시간들을 결코 잊으면 안 되리라.
사랑하는 것은 받는 것보다 행복하다고 읊조린
시 구절이 아니더라도
받을 때보다 줄 때가 더 행복함은 경험으로 아는 일이다.
어느새 7년이나 돼가는 이 만남…….
좀 더 좋은 일들로만 이어갈 수 있으면 좋겠다.
또 7년쯤의 세월이 흐른 뒤에는
기뻤던 순간들만을 이야기 할 수 있게…….

인생은 찰나이고 사고는 순간이다

늘 다니던 건물 기둥에 부딪쳐 박살난 백밀러…….

비오는 밤에 일어난 일이라 근처의 차량 정비업소도 모두 문을 닫았고 보험회사에 전화를 하려니 터치폰이라 ARS 이후에 나오는 번호를 할 줄 몰라서 찍지 못한다. 멀리 사는 해결사 언니에게 급전……. 보험회사를 대신 불러준 언니 덕에 10km까지 무상으로 이동해주는 래커차를 타고 3.5km의 집까지 무사히 도착. 다음날 아침 수리를 위해 집 근처 공업사를 찾았으나 백밀러 전체를 갈면 6~7만원이고 유리만 깨졌으니 유리만 갈면 돈 만원이면 된다는 말과 함께 근처에 수리가 가능한 곳을 알려주었다. 한 7분 거리의 홍은동으로 갔더니 유리값 5,500원에 금방 수리를 해준다.

늘 곁에 붙어서 안전운전에 도움을 주던 백밀러, 그것이 박살나 균열이 생기니 룸밀러를 이용해 대충 볼 수밖에 없고 이만저만 불편한 게 아니다. 그래서 사람들은 '있을 때 잘하라.'는 얘길 종종 한다. 하지만 우리 인간들은 있을 땐 그 고마움을 잘 모르고 산다. 오늘부터 곁에 있는 모든 것들에 더 큰 고마움을 느껴야겠다. 이런 사고는 늘 순간적으로 생긴다. 인생이 찰나이듯 사고는 순간이다. 며칠 전에는 보행신호로 바뀌었는데 무슨 생각을 하였는지 차를 멈추지 않고 달리고 있었다. 물론 그리 속력은 내지 않았지만 지금 생각해도 아찔한 순간이다. 옆자리의 물건들이 쏟아질 정도로 급정거를 했다. 횡단보도를 지나는 사람과의 거리는 불과 몇 cm…….

벼는 익을수록 고개를 숙인다는 말처럼 20년 가까이 돼가는 운전 경력이지만 늘 조심, 또 조심해야겠다. 차 가지고 나간 아이들이 모두 돌아올 때까지 늘 걱정하던 엄마가 더욱 생각나는 날이다.

사람의 교사보다 한 사람이 훌륭한 어머니가 낫다. – 힐 버트

강변에서

마음이 울적한 날은 강변으로 나간다. 다리 사이로 보이는 불빛은 보석처럼 반짝인다. 내가 살고 있는 곳에서 다리 하나를 건너면 한강 둔치가 나온다. 어느 때인가 다리 바로 아래 차에 앉아 그 빛을 쳐다본 적이 있는데 큰 감동으로 아직까지 내 마음에 자리하고 있다.

세느강, 찰스강, 허드슨강, 템즈강, 로이스강…….

그 많은 강 중 한강이 가장 아름답다는 생각을 한다. 말로만 듣던 세느강과 퐁네프다리를 직접 가 보고 느끼던 실망감이란……. 로이스 강가의 루째른은 다시 한 번 가고 싶은 도시이다.

강 끝에는 아파트들이 즐비하다. 바다를 바라보며 수평선 너머에도 아파트가 있을 듯한 착각에 빠진 적도 있다.

몹시 추웠던 어느 겨울, 올림픽도로를 달려 도착한 강변엔 고요만이 흐르고 있었다. 여름날의 피서 인파도 봄꽃을 보러온 사람들도 없이 씽씽 불어오는 바람만이 내 귀를 때리고 있었다. 차 밖으로 나갈 수도 없던 추위였지만 강변에 나간 걸 후회하지는 않았다.

그곳에서 나는 여러 사람들을 기억해낼 수 있었기 때문이다. 가까이 사는 친구를 불러내기도 한다. 그 애는 커피를 타 가지고 나온다. 우리의 이야기는 끊일 줄을 모르고 계속된다.

비가 그친 휴일 밤…….

지금 한강은 어떤 모습을 하고 있을까? 강변에는 아직도 많은 사람들이 있겠지……. 생각하는 내 마음은 온통 강변에 가 있다.

요람을 흔드는 손이 세계를 움직인다. – 세익스피어

설사 자식에게 업신여김을 받아도 부모는 자식을 미워하지 못한다.
– 소포클레스

73×54(cm) watercolor on arches

미다스의 손

그리스신화에 나오는 미다스 왕은 만지는 모든 것이 황금으로 변하는 재주를 가졌다. 미다스 왕처럼 내가 만지는 모든 것이 황금으로 변하는 것은 아니지만 내손이 가면 볼품없었던 원고가 아름다운 책으로 변하고 흰 종이가 아름다운 꽃으로, 풍경으로 다시 태어난다.

내 직업은 그래픽디자이너이고 취미로 그림을 그린다. 하루의 많은 시간을 컴퓨터로 작업을 한다. 사회봉사의 일환으로 일주일에 한 번씩 아파트 복지관에서 북아트를 가르치고 있다. 모두 손이 없으면 안 되는 일이다.

너무 아플 때는 아픈 부위를 잘라버리고 싶은 충동을 느끼기도 했지만 지금 내가 하고 싶은 일들을 해주는 내 미다스의 열 손가락 손에게 참 많은 고마움을 느낀다.

30년쯤 전 컴퓨터가 없던 시절, 글씨를 빨리 쓰는 나는 학원 선생님이었던 형부가 책을 한 권 낸다기에 원고지에 옮겨 쓰는 일을 해주었는데 며칠 글을 쓰고 나니 손가락이 뻐근해지면서 아프기 시작했다. 동네 병원에 갔더니 몇 가지 검사를 하고는 큰 병원으로 가보라고 하였다. 불치병은 아닌지 걱정하면서 찾은 병원에서 류마티스성 관절염이란 걸 알았다.

어릴 때부터 잔병치레는 좀 했어도 병원 신세는 지지 않고 살아온 터라 부모님께서는 큰 걱정을 하셨고 어디서 들었는지 신경통을 앓고 있던 이모는 용한 의사가 있다면서 새벽부터 나를 깨워 지금 생각해 보면 무허가 의료시설에 데리고 갔다.

나누어준 번호표의 순서대로 무슨 주사를 손가락에 놔 주었는데 당장은 아프지 않았지만 세월이 흐르면서 주사를 맞은 부위가 변형되기 시작했다.

처음 변형이 왔을 때는 남에게 손을 내보이기 싫어 감추곤 했었

32×40(cm) watercolor on arches

지만 지금은 남이 보거나 말거나 당당하게 내놓고 생활한다. 비록 형태는 조금 변했지만 무엇이든 할 수 있는 손이기 때문이다.

이모와 함께 갔던 무허가 의료시설 사건 이후 나는 지금 다니고 있는 가톨릭대학교 서울성모병원 류마티스내과 이외의 곳에는 가지 않는다.

"고양이가 좋다." "꿀벌 침이 좋다." "지방 어느 곳에 주사를 아주 잘 놓는 의사가 있다."라는 말들을 나는 모두 일축해 버린다.

류마티스라는 난치병을 앓고 있으면서도 하고 싶은 일을 하고 살 수 있는 것은 더 좋은 치료법을 연구하고 개발해내는 류마티스 전문 의사선생님이 있기에 가능한 일이란 걸 알기 때문이다.

그리고 주변에서 관절이 아프다는 사람들을 보면 전문가의 진료를 꼭 받아보라고 권한다. 몇몇 친구들은 초기에 전문병원을 찾아 진료를 받았기 때문에 병의 진행을 막을 수 있었고 약을 먹긴 하지만 정상적인 생활을 하고 있어 내게 고마움을 표하기도 한다.

병을 앓고 있는 모든 사람들의 생각이 다 그렇겠지만 나도 가끔은 "내가 전생에 무슨 죄를 지었나? 왜 내게 이런 병이 찾아왔을까?"라는 생각을 하기도 한다.

류마티스를 앓으며 잃은 것도 많지만 건강하게 살았다면 그냥 지나쳤을 것도 많이 깨닫게 되었다. 막내로 자라 배려심이 없던 내가 남을 배려하는 마음을 가지게 된 것이 병으로 얻은 가장 큰 이득(?)이었다. 지역사회를 위해 봉사를 생각한 것도 건강을 잃고 난 뒤의 일이다.

정기 진료일인 오늘도 병원을 찾았다. 설문지에 '지난 한 달간 별 통증을 느끼지도 않았고 삶의 무의미를 느끼지도 않았다.' 라고 비교적 긍정적인 대답을 써냈다. 다른 사람의 도움 없이도 많은 일을 할 수 있었다. 특별한 보조 기구가 필요하지도 않았다. 설문지의 답란을 보면 환자라고 보기 어렵다.

맑고 밝은 마음을 선천적으로 물려주신 부모님 덕분에 매사에 좋은 방향으로 생각하는 것이 그 비결 아닐까 한다.

이제 더 이상 병에 대한 원죄의식은 갖지 않기로 했다. 신체적으로는 건강할지라도 마음이 병든 사람보다 내가 훨씬 더 행복하다는 것을 느꼈기 때문이다. 산 날보다 살아갈 날이 더 적은 나이가 되어버린 지금 큰 바람은 없다. 더 많이 병이 진행되지 않고 지금처럼 컴퓨터를 이용하여 일을 하고 취미인 그림을 그리고 봉사활동을 하며 남은 생을 보내고 싶다.

내 사랑스런 미다스의 손과 함께…….

생(生)은 그녀에게 큰 선물이다

엄마의 친구이자 내가 이모라고 부르는 그녀는 이십 여 년이라는 간극은 가뿐히 뛰어넘을 만큼 순수하고 해맑은 영혼의 소유자이다.

그녀가 갖고 있는 '신체적 아픔'이란 그녀가 뿜어내는 단단하고 강렬한 아우라에 비하면 다만 작디작은 그림자에 지나지 않는다. 그림자는 그림자일 뿐 본질을 드러내진 않는다. 태양이 아름답게 비추는 대지에서 눈부신 밝음 아래 서 있는 그녀에게, 때론 그림자마저 아름다운 것이었다.

무수한 세월의 질곡 속에서도 이모는 항상 변하지 않는 숨결로 나무처럼 존재해왔다. 한결같이 젊음의 열정을 내뿜었고 단 한 번도 비관 속에 스스로의 삶을 내던진 적이 없다. 십년 동안 그녀를 보아 오면서 아픔 때문에 얼굴에 스스로 그늘을 짓는 일을 본 적도 없고 오히려 항상 먼저 타인에게 손을 뻗어 위로를 던져주던 그녀였다. 그 어떤 소녀보다 더 소녀다운 순수함과 투명함을 지녔고 타인에 대한 열정과 삶에 대한 강렬한 의지는 보통 사람의 그것을 훨씬 뛰어넘었다.

그녀가 보는 세상은 그녀의 그림처럼, 선명하고 아름다운 색채와 밝고 명랑함으로 가득 차 있다. 엄마에 대한 깊은 사랑과 그리움, 아버지에 대한 애틋한 추억, 친구들에 대한 따뜻한 위로, 일상에서 건네는 작은 대화 모두 삶에 대한 강한 애착에서 기인하는 것이다. 그 힘의 원형은 모두 '어머니'로부터, 어머니가 그녀에게 준 무형의 사랑에서 큰 줄기가 되어 뻗어 나온다.

이제 그녀는 자기 삶의 흔적들을 그림과 글로 알알이 꿰어 하나의 큰 진주 목걸이를 만들어 냈다. 세상 그 어떤 것보다 값진 생명의 엑기스가 뿜어 나오는 그녀의 그림과 글을 보고 있으면, 다정한 5월의 햇살처럼, 한겨울 추위의 벽난로 불길처럼 마음 깊은 곳까지 스며드는 위안과 따스함을 건네받는다. 그녀가 세상으로부터 받은 선물이 이제 그녀가 세상에 보내는 선물인 것이다.

이미옥(서울대 국문학과 박사연구생, 수원과학대에서 한국어 강의 중)

| 언제나 그리운 |

33×20(cm)
watercolor on arches

어두운 저녁
불 꺼진 창 바라보며
홀로 들어오는 길
창 너머에
언제나 그리운
얼굴 하나 있다.

환한 대낮
빈 집의 적막에서
만나는 환영(幻影)

맛난 것 먹을 때
재미난 것 볼 때
즐거운 일 슬픈 일
마주칠 때면
언제나 그리운
나의 어머니…….

Profile

이 호 영

한양대학교 응용미술학과 졸업
성신여자대학교 조형예술대학원 졸업
한국방송통신대학교 국어국문학과 졸업
영등포여중, 부천대, 극동정보대 등에서 강의

문화숲속예술샘 대표
북아트컨텐츠연구소 운영위원

사)한국미술협회 회원
한국야외수채화가회 회원

2012 제1회 개인전(타임스퀘어 나무그늘갤러리)

대한민국여성미술대전, 대한민국회화대전,
행주미술대전, 신상미술대전 등에서
입상하였으며 작은그림미술제 등에
작품을 발표하고 있다.

2003년부터 다음 카페
아! 어머니……(cafe.daum.net/SAMOGOK)와
효사랑방(cafe.daum.net/hyosalang)을 통해
효 운동을 펼치고 있다.